비파괴적 신뢰혁명 기술

# 블록체인

비 파괴적 신뢰혁명 기술

# 블록체인

지은이 **로랑 를루** · 옮긴이 **김세은**

북플러스

# 추천사

블록체인은 21세기에 출현한 도구 가운데 가장 혁신적이다. 그런데 2018년 초의 상황을 보면 블록체인에 대한 대중의 이해와 호응이 상당히 부족한 실정이다. 블록체인의 미래가 아직은 불투명한 만큼, 블록체인이 완전히 성공적으로 자리매김할 수 있도록 새로운 발걸음을 내디뎌야 한다.

그런 면에서 이 책의 저자 로랑 를루는 블록체인의 본질과 그 면면에 대한 인식을 넓혀주는 막중한 역할을 하고 있다.

그러나 블록체인을 파악하는 데 이 책이 더없이 유용하더라도 독자 스스로가 '블록체인이 무엇인지 탐구하려는 의욕'이 없으면 그 혁신적 가치를 온전히 누릴 수 없다. 그 개념을 처음부터 쏙쏙 이해하기란 어려우므로 왕성한 호기심으로 부지런히 물음표를 띄워야 블록체인의 세계에 흠뻑 빠져들 수 있다.

폭넓게 보면 블록체인은 다용도의 도구라 할 수 있다. 이용자의 특성과 직업에 따라 다양하게 차별화된 서비스를 제공한다. 가령 프로그램 개발자에게는 1995년 자바Java 언어가 등장한 이래 가장 흥미로운 개발 환경을 만들어 주고, 기업에는 비즈니스와 외부와의 관계를 재설계함으로써 업무혁신을 위한 강력한 촉매제 역할을 하며, 기업 경영진에게는 소수의 클라이언트 서버만으로도 시장 판도를 뒤흔들 수 있는 혁신적인 경제 모델을 개발하는 플랫폼이 된다.

블록체인은 단일물(독립된 개체로서의 한 가지 명칭) 또는 유일한 제품이나 단순한 유행과 달라서 기능이 한 가지로 고정되지 않는다. 여러 부분으로 조직된 유기체로서 어떤 부분들은 서로 관계를 맺어가며 연계적으로 작동하고, 어떤 부분은 독자적이고 독립적으로 작동한다. 이처럼 조립과 변경이 수월한 모듈구조 덕분에 쓰임새가 무궁무진하다.

블록체인이 더 나은 기술로 발전하려면 이용자들의 열정 어린 관심이 필요하다. 책을 읽어보면 알게 되겠지만 블록체인을 뒷받침하는 이론이 아무리 체계적이더라도 (우선 자기 자신부터) 실제로 이용해봐야 한다. 그래야 이론과 현실과의 간극을 좁히고 장애 요인을 줄여, 장래에 성공적으로 활용할 수 있다.

블록체인이 던지는 메시지는 명쾌하고도 강력하다. 바로 '혁신'이다. 그저 최적의 웹 환경을 찾아내거나, 최고의 금융 시스템을 개발하거나, 최상의 서비스를 공급하는 것 이상을 목표로 한다. 그런 만큼, 앞으로 이용자들이 그 기술에 의존하지만 말고 어떠한 부가가치를 창출하느냐에 따라 블록체인의 존폐가 걸려 있다. 프로그램 개발자와 스타트업 기업, IT 비즈니스를 필두로 하여, 블록체인의 잠재력을 자각하는 기업들,

변화의 니즈needs를 느끼는 일반 대중을 거쳐, 변화에 적대적이었다가 그 가치를 뒤늦게 발견한 기관들의 순서로 점진적으로 보급될 것이다.

블록체인이 의도하는 혁신이 실현되려면 블록체인 애플리케이션의 이용자나 개발 아이템이 지금보다 많아야 하고 개발자도 대폭 늘어나야 한다. 장기적으로 보면, 각종 소프트웨어 및 서비스에 블록체인이 장착되거나 연계되었는지를 인지하거나 실감하지 못할 정도로 블록체인이 범용화 될 것이다. 요즘에는 모바일 기능이나 데이터베이스, 테크놀로지 측면을 중심으로 블록체인 애플리케이션의 역량을 분석, 평가하지만 향후에는 이용자에 대한 혜택을 우선시 하게 될 것이다.

기존의 '웹 경제'가 그랬듯이 블록체인도 장차 새로운 경제 패러다임을 창조할 전망이다. 그런 만큼 블록체인의 경제적 잠재력이 어떤 방식으로 구현될지 주목할 필요가 있다. 블록체인은 현재의 암호화기술crypto-tech에서 진화하여, 전략과 설계에 따라 (태생부터) 중앙집중형이 아닌 분산형 신뢰 체계에 근간을 둔 경제 구조로 거듭날 것이다. 그리하여 전 세계인에게 동등한 접근 기회를 제공함과 동시에, 각종 장애 요소를 줄여 이용자의 편의를 도모할 것으로 보인다.

웹 경제가 정보의 공유와 확산이라는 새로운 국면을 열었다면, 블록체인의 기본 기능은 '가치의 전달'에 있다. 이것이 블록체인에 관해 숙지해야 할 기본 개념이며 나머지 개념은 모두 여기에서 파생된다고 보면 된다.

블록체인이 다채로운 청사진을 제시하며 미래를 약속했지만 아직은 진행 중에 있음을 기억하자. 세상의 모든 약속이 그러하듯 지켜지기까지 시간이 좀 걸리지 않을까. 블록체인 기술에 정통한 개발자며 비즈니스 리더를 비롯해 열성적인 이용자들도 많이 배출되어야 한다.

웹 역사의 미래에 블록체인이 기다리고 있다. 후방보다는 전방을 주시하며 발걸음을 재촉해 전진해야 할 때다.

블록체인에 대한 이해와 인지도를 높여준 준 저자 로랑 를루에게 심심한 감사를 전한다. 무릇 누군가에게 가르침과 깨우침을 주는 일은 힘들고 고통스러운 임무요, 고매한 도전이기 때문이다.

윌리엄 무가야[1] William Mougayar

---

1 《비즈니스 블록체인(Business Blockchain)》(와일리(Wiley), 2016) 저자

# 프롤로그

2015년 10월 영국 시사 주간지 〈이코노미스트〉에 '신뢰 장치, 블록체인'이라는 제목의 표지 기사가 실리자, 관련 기사들이 순식간에 대서특필해 인터넷과 소셜 네트워크를 뜨겁게 달구었다.

생각해보라. 2015년 후반은 '블록체인'의 인지도가 요새처럼 정점을 향하던 시절도 아니었다. 여느 잡지도 아닌 유수의 〈이코노미스트〉에서 생소하기 그지없는 블록체인을 화두에 올려놓고는 '금융 거래의 신뢰 체계를 혁신적으로 구축하는 장치' 라고 설명했다. 그리고 가상화폐 '비트코인' 기술의 기반이 되는 블록체인은 '세계 경제가 움직이는 시스템을 뒤바꾸고 사회 전반에 막대한 영향을 미치리라' 예측했다.

돌이켜보니 어마어마한 파급력을 지닌 '파격적인 기사'였다. 노출되기 무섭게 삽시간에, 잇달아 며칠 사이에 블로그와 일간지, 잡지, 각종 매체를 통해 일파만파로 확대 재생산됐으며, 블록체인 기술과 비트코인, 암호화 기계cryptomachine에 관하여 완벽하지는 않지만 어느 정도 사실에 입각한 보도들이 나왔다. 폭탄 급 보도의 효력이 증명된 셈이었고, 이를 계기로 블록체인 엔진에 시동이 걸렸다.

이를 증명하듯 2015년 10월을 기해 블록체인에 관한 언론보도가 늘면 늘었지 준 적이 없었다. 그리고 블록체인 기술과 가상화폐, 분산원장 관련 글들이 연일 방대하게 쏟아져 나왔다.

이코노미스트 기사에서 블록체인과 비트코인/ 암호화폐/ 분산원장 프로토콜 등에 관해 설명한 점이라든가, 돈 탭스콧(Don Tapscott, 캐나다 기업인 겸 경영 컨설턴트, 탭스콧그룹 CEO, 블록체인연구소 공동창립자—역주)이 가히 '혁명적'이라고 평가한 점, 또한 프랑스 경제학자 '필리프 에를랑'이 우버Uber가 가야 할 종착점 즉 '*궁극의 우버화Uberisation'라고 칭송했던 이 변혁의 기술을 대중에게 처음 알린 신호탄이라는 점에서 적어도 한 가지 이상의 순기능을 했다.

*스마트폰 등의 모바일 네트워크를 이용해 고객들끼리 직접 거래하는 경제 현상을 가리킴—역주

이코노미스트 기사가 나고 얼마 안 된 지금, 실행 단계에 들어간 블록체인 프로젝트는 거의 없다시피 한 상황이다. 계획은 숱하게 발표되었으나 프로토타입 개발 단계에 있는 일부 프로젝트를 제외하고는 구체적으로 실행된 사례가 매우 드물다. 아무래도 갓 출현한 신기술임을 감안해야 할 듯싶다.

그래도 미디어의 반응은 점점 뜨거워지고 광범위한 분야에서 다양한 방식의 교류가 확산되고 있다. 한 가지 꼭 기억해 둬야 할 것이 있다면, 당시 이코노미스트 기사를 쓴 루트비히 지겔레 기자가 지적했듯이, 블록체인의 혁신 대상은 금융이 아니라 '공동의 신뢰'라는 점이다.

수많은 비즈니스 모델의 형태를 재편하고, 경제/사회 구조를 변화시

킬 이 혁명적인 기술이 혁신을 통해 가져올 결과물은 바로 신뢰라는 점을 거듭 강조하고 싶다.

바야흐로 우리는 새로운 국면에 접어들고 있다. 과열되었던 언론 보도는 적정 수준으로 진정되고 컨설턴트 간의 경쟁은 갈수록 치열해질 것이며, 실행 프로젝트와 이용자 수는 동반 상승할 것이다. 관련 기술이 나날이 발전하면서 투자자들의 안목도 덩달아 높아질 것이다. 그리하여 우리는 궁극적으로 혁신에 대한 비전, 즉 '공동의 신뢰 체계'에 대한 가능성을 보게 될 것이다. 그것이 바로 블록체인이 일관되게 약속해 온 바이기도 하다.

가만히 앉아 블록체인이 알아서 변화와 변혁을 주도하고 우버화를 도모해주길 기다려서는 안 된다. 블록체인 고유의 비즈니스 모델을 기반으로, 블록체인과 고객, 공급자, 참여자들과의 관계를 토대로, 어떤 곳에서 어떤 방식으로 금융 거래의 신뢰를 구현해 나갈 수 있을지 구체적 방안을 모색해나가야 한다.

1990년대 인터넷 출현을 시작으로, 2008년 나카모토 사토시의 발명품인 '비트코인 블록체인'이 등장하였고, 여기에 인터넷 시대의 주산물인 소셜 네트워크의 가세에 이르기까지, X세대와 Y세대[1]는 정보 공유와 투명성을 높이는 방안을 제시해 왔다.

인류를 인터넷 기술의 중심에 둠으로써 인류의 자유와 권리를 신장하려 했던 인터넷 세대의 야심찬 계획을 이제 블록체인 기술이 넘겨받아 완수하려고 한다.

블록체인이라는 분산 공유 시스템에 힘입어 경제적 효과 이상의 근본적 사회 변화가 진행되고 있으며 새로운 세상이 열리고 있다.

요컨대 블록체인은 제3 신뢰기관, 즉 중앙통제기관의 힘을 빌리지 않고 이용자들끼리 신뢰를 쌓아가는 신뢰의 혁명이다.

우리 세대에는 경제와 민주 정치, 사회 전반에 신뢰의 기운을 불어넣는 트러스트노믹스[2] 의 장치가 있다. 이 기술이 주는 기회를 꽉 잡고 과감하게 도전하여 블록체인이라는 조직간 혹은 개인 간 신뢰확보 장치를 확고히 가동해나가야 한다.

그러므로 블록체인은 중앙관리자나 중개자 역할로서의 금융 기관에 의존하지 않고 철저히 개인 간의 믿음과 신뢰로 금융 거래가 이뤄지는 '분산형 신뢰 체계'의 시작이 될 것이다.

---

1   X세대는 (대략)1966~1976년 사이에 태어난 세대를, Y세대는 1980년대 초에서 1990년대 중반에 태어난 세대를 말한다.

2   trustnomics: 신뢰(trust)와 경제(nomics)의 합성어–역주

| 차례 |

추천사·4
프롤로그·8

## CHAPTER _1장

### ⚙ 블록체인이란 무엇인가?

**01 블록체인 바로알기·9**

　용어 정의·19

　블록체인의 대원칙·22

　인터넷에서 블록체인까지·23

**02 블록체인, 어떻게 작동하는가?·25**

**03 블록체인, 어떤 분야에 활용될까?·30**

　첫 번째 영향 받을 분야, 은행권·30

　블록체인의 활용·35

## CHAPTER _2장

### ⚙ 블록체인의 오늘

**01 비트코인 블록체인·41**

　역사 훑어보기·41

　용어 정의·47

　작동 원리·48

　　•네트워크 접속하기　•비트코인 취득 방법

　　•비트코인 거래　•전자지갑 '월릿 wallet'

• 비트코인의 가치 • 비트코인 : 채굴 또는 합의

• 에너지(전력) 소비 관련 문제 • 비잔틴 장군들 문제

• 비트코인 : 채굴자와 보상 체계(채굴 수익= 코인 당 거래수수료) • 블록체인의 익명성

• 추적 가능성과 투명성 • 모네로Monero

블록체인의 진화, 확장성·73

• 대안화폐 • 암호화폐 종류 • 라이트닝 네트워크


02  이더리움 블록체인·89

이더리움 역사·89

이더리움 역대 버전·91

용어 정의·93

• 채굴mining • 통화단위 • 가상화폐 이더ether 구매하기

운영 방식·95

스마트 콘트랙트와  DAO(탈중앙 자율 조직)·96


03  분산 합의 프로토콜·109

정의·109

블록체인의 종류·111

• 퍼블릭 블록체인 • 컨소시엄 블록체인 또는 하이브리드 블록체인 • 프라이빗 블록체인

블록체인 합의(Consensus)·116

블록체인의 진화 생태계·123

• 리스크Lisk-디앱Dapp • 스텔라 합의 프로토콜

• 리플Ripple • 아이오타IOTA

• 하이퍼레저Hyperledger • 인터레저Interledger

• 텐더민트Tendermint • 모낙스Monax

• R3CEV의 코다Corda • 비어체인beAchain, 객체 지향 블록체인(BOO)

요약·137

## 🔸 블록체인 활용하기

**01 블록체인 활용 사례**·143

블록체인 기술의 기본 원칙·143

•중앙집중화 vs 탈중앙화 •분산 합의 •탈중개화 •보안성

•투명성과 불변성 •추적가능성 •인증과 공증

광범위한 활용도·152

•블록체인 활용 분야 •블록체인 애플리케이션의 무한한 개발 가능성

•식품유통 추적관리 •영화·영상·음원 불법 다운로드 방지

•의약품 및 상품 정품인증제도 •의료데이터 보관 · 진료기록 공유

•토지대장 관리 •공공행정 업무 •디지털 신원확인 시스템

•금융 결제 •유가증권 발행·결제 •크라우드펀딩

•분산형 전자투표 •지식재산권 관리 •데이터 분석

•공급망 관리(SCM) •쿠오볼라 이노베이션

•블록체인이 몰고 온 데이터 혁명 •교육

**02 기업에 블록체인이란? 놓치면 안 될 기회**·182

블록체인은 기업에 획기적 혜택을 선사할 혁명적 기술·182

'컨소시엄형 블록체인' 은 블록체인의 최적의 활용법일까?·186

**03 어떤 기술을 도입해야 할까?**·192

**04 거버넌스(Gouvernance)와 권리**·196

프리 소프트웨어란?·198

록체인 소유권자는?·198

블록체인 내부 작업수행에 대한 법적 구속·199

스마트 콘트랙트는 법적 계약인가?·201

CHAPTER _4장

## ⚙️ 블록체인의 미래

**01 혁명은 진행 중·209**

산업혁명·209

정보혁명에서 웹(Web) 2.0까지·212

**02 성찰과 통찰·220**

비트코인의 현금 대체를 주장한 미국 경제학자·221

블록체인은 사회·경제적 혁명일까?·223

블록체인이 혁명이라면... 어떤 혁명일까?·229

**03 결론·234**


에필로그·238

참고자료·245

찾아보기·252

BLOCKCHAIN

BLOCKCHAIN

## Chapter 01

# 블록체인이란 무엇인가?

'지식이 없는 자, 끝없는 변화의 노예가 된다'

– 프랑스 시인 레미 벨로(Rémi Belleau) –

# 블록체인 바로 알기

## 용어의 정의

블록체인을 단 몇 마디로 정의하기란 쉽지 않다. 저마다 사고방식과 지식, 경험이 달라서 똑같은 의미로 받아들이기 힘들기 때문이다.

다음의 몇 가지 정의를 차근차근 살펴보면, 블록체인에 대한 이해가 한층 깊어질 것이다.

• 간략한 정의 : 블록체인은 모든 참여자에게 개방되고 기록 및 열람을 통해 누구나 이용 가능한 대규모 **온라인 거래 장부**로서, 전 세계 수많은 참여자의 컴퓨터에 분산 보관된다.

• 기본적 정의 : 블록체인은 금융거래 내역 및 데이터를 **은행 중앙서버(CPU)에 보관하지 않고**, 인터넷에 연결된 개개인의 컴퓨터를 통해 투

명하고 안전하게 전송, 보관하는 소프트웨어다.

• 문자 그대로의 정의: 블록체인은 금융 거래, 계약, 부동산등기, 미술 작품 등의 각종 정보가 저장된 블록(디지털 정보)들이 순차적으로 연결된 사슬 구조를 말한다.

• 일반적 정의: 블록체인은 '합의형 응용프로그램'에 익숙한 신세대를 위해 고안된 기술이다. 공동의 합의를 토대로 거래 장부를 분산 보관하는 분산·공유형 대규모 거래원장을 사용함으로써, 금융거래 과정을 합리적이고 투명하게 설계하고 신용과 책임이 확보된 금융 거래를 실현한다.

• 기술적 정의: 블록체인은 인터넷, 공개 프로토콜free protocol, 연산력, 암호화 코드 등의 수단에 의존하고 그 기능을 이용하는 새로운 데이터베이스 기술로서, 금융 거래 시 생성되는 데이터베이스를 참여자들의 컴퓨터에 나누어 보관하는 대규모 분산원장(분산형 거래장부distributed ledger)이라 할 수 있다. 거래가 추가로 일어날 때마다 거래 장부에 차례대로 누적 기록되며, 이전 거래 내역이 임의로 변경되거나 삭제될 우려가 없다. 이 분산원장은 쉬지 않고 끊임없이 작동하며, 거래 내역을 시간 순으로 작성해 각 참여자의 컴퓨터에 분산 전송한 다음 참여자 전원의 승인을 받는다. 아울러 '구성원 또는 참여자'의 '실시간 검증 시스템'(합의 구조)을 통해 관리되므로 거래 기록이 불법으로 조작되거나 해킹될 위험이 없다.

지금까지 살펴본 몇 가지 정의를 요약해 보면 다음과 같다. 블록체인

비파괴적 신뢰혁명 기술 블록체인

이란, 금융 거래에 필요한 데이터베이스를 이용자 전원이 공동으로 관리하는 분산형 거래 장부로서, 일명 공동 참여형 분산원장이라 할 수 있다. 또한 거래 내역 및 데이터를 중앙 서버에 저장하지 않고, 인터넷을 통해 투명하고 안전하며 독립적인 방식으로 전송, 보관한다. 이 분산원장은 쉬지 않고 끊임없이 작동하며, 거래 내역을 시간 순으로 기록해 각 참여자의 컴퓨터에 분산 전송한 다음 참여자 전원의 승인을 받는다. 아울러 '구성원 또는 참여자'(일원)의 '실시간 검증 시스템'(합의 구조)으로 관리되므로 거래 기록이 불법으로 조작될 위험이 없다. 최신 업데이트된 분산원장은 네트워크에 분포한 각 구성원에게(거의 실시간으로) 전달되며, 모든 거래 내역은 반드시 참여자 전원의 검증을 받는다.

요컨대 블록체인은

• 금융 거래 시 공인인증기관과 같은 중앙의 '제3신뢰 기관(TTP trusted third party)'의 개입 없이 개인 간의 직접 거래(P2P peer to peer)를 도모하여 거래의 자동화를 실현한다.

• 참여자 전원의 합의와 공동의 신뢰를 바탕으로 구축된 금융 시스템이다.

• 실시간 거래정보를 확인할수 있고 고객의 금융업무 인프라 역할을 하는 공인 인증 서비스다.

# 블록체인의 대원칙

블록체인은 다음의 몇 가지 대원칙을 토대로 구성된다.

① '분산원장' 또는 '공공 거래 장부 2.0'−참여자들이 다 함께 관리하는 공동 거래원장의 본보기를 제시한다.

② 금융 거래의 '분산(탈 중앙화)' 및 '제3자 개입 차단'−어떠한 중앙기관도 블록체인을 통제할 수 없으며, 제3신뢰기관의 개입이 원천적으로 봉쇄된다.

③ 공동의 합의− 금융 거래의 승인 또는 비승인 이 참여자 전원의 합의에 따라 결정되며, 중앙기관의 개입이 전면 금지된다(기존의 합의 형태와 다름).

④ 불변성− 거래 내역이 시간에 따라 순서대로 쌓이기 때문에 변경 또는 삭제가 불가능하다.

⑤ '신뢰의 공유'와 '투명성'− 거래 내역과 데이터가 참여자 모두의 컴퓨터에 복사본 형태로 저장되므로, 모든 거래는 공동의 합의로 승인된다.

따라서 블록체인을 사용하면 공동의 합의구조를 근간으로 공개형/분산형/공유형 거래원장을 구축하여 거래의 '신뢰성', '투명성', '신속성' '공공성'이 확보된 금융 거래를 구현할 수 있다.

---

1    비트코인(Bitcoin)과 이더리움(Ethereum): 다음 장(章)을 참조할 것.

블록체인은 그 종류가 '비트코인 블록체인'(Bitcoin blockchain, 비트코인을 가상화폐로 사용하는 블록체인-역주)이나 '이더리움 블록체인'(Ethereum blockchain, 이더리움을 가상화폐로 사용하는 블록체인-역주)만 있는 것은 아니다. 세계적으로 단하나의 블록체인만 있는 것이 아니라, 여러 종류의 블록체인이 존재, 공존하며 상호작용을 한다. 아울러 구체적인 활용이나 응용 목적에 따라 단일 블록체인에 몇몇 특수한 기술을 접목해 운영할 수도 있다.

블록체인 기술은 금융 거래의 기존 관행을 재편하여, 중앙집중화를 차단하고 통제기관의 권한을 억제하는 한편, 정보의 공유를 촉진한다. 그리하여 '분산형 연산체계에 기초한 신뢰 금융인프라' 일명 '합의형 금융거래 서비스'(수요자 중심의 '금융거래 서비스' consensus-as-a-service)를 생성한다.

이와 같은 블록체인의 인프라 기능에 주목하여 블록체인과 인터넷을 연관 지어 이해하고, 향후 블록체인이 인터넷을 대체할 것이라고 내다보는 관측이 많다.


## 인터넷에서 블록체인까지


우선 몇 가지 점을 비교해보고 자세한 설명을 살펴보도록 하자.

· 인터넷은 관계와 관계 형성의 자동화를 실현하고, 블록체인은 제3자 금융기관의 중개 없이 금융 거래의 자동화를 실현한다.

- 인터넷은 **분산형 정보 공유 시스템**이고, 블록체인은 **공동 합의형 시스템**이다.
- 인터넷은 정보 공유를 위한 인프라스트럭처이고, 블록체인은 공인인증을 위한 인프라스트럭처다.

**1994년~2015년의 발전상을 요약하면 다음과 같다(블록체인 출현기)**
- 1994년~ : 인터넷 시대 :
  - 개인 간 커뮤니케이션
  - 자동화된 정보 공유 체계
  - e-커머스(전자상거래)
  - 소셜 네트워크
- 2015년~: 블록체인의 향후 목표 :
  - 상호 신뢰를 통한 금융 거래의 분산화
  - 중앙의 관리나 중개를 주도하는 금융기관을 배제함으로써, 금융 거래와 가치의 흐름을 실현 함.

블록체인과 인터넷은 대립적인 관계가 아니다. 기술 발전의 연장선 위에 있으며(제4장 '혁명은 진행 중' 참조) 앞으로 살펴볼 수많은 분야에서 상호보완적으로 작용하면서 기술 혁신을 주도할 전망이다.

# 블록체인,
# 어떻게 작동하는가?

## 블록체인 시스템을 가동하려면

첫째, 외부 데이터를 저장하거나 전달하는 레지스터(거래 장부–비트코인의 경우 블록체인)가 있어야 하고, 둘째, 안전한 거래를 하기 위한 암호화 키가 장착된 암호코드, 셋째, 거래 인증을 위해 공동으로 합의한 알고리즘(컨센서스), 넷째, 전체 시스템의 작동을 위한 P2P네트워크가 있어야 한다. 여기에 참여자가 더해지면, 블록체인 작동에 필요한 기본 재료가 구비된다.

예를 들어 전자화폐 비트코인에 적용되는 블록체인은 일반적으로 다음의 4단계 과정으로 작동한다. 비트코인 블록체인의 기능과 작동 원리에 관해서는 다음 장에서 자세히 살펴보기로 하자.

• 1단계 : 금융 거래의 당사자 양측이 거래 규정(자금 이체 방식, 자산

현황 검증, 거래 인증서 등)에 대하여 합의한다.

• 2단계 : 네트워크 구성원들이 거래 장부를 '스캔'하고 거래 내역을 분석한 다음, 송금인이 실제로 자산 및 자본을 보유하고 있는지 확인한다.

• 3단계 : 확인 완료 시 거래가 인증되어 블록체인의 최근 블록에 기록된다.

• 4단계 : 네트워크 구성원 전체에 거래 장부가 전송되며, 거래 정보의 보안을 위해 구성원별로 각기 다른 암호화 코드가 부여된다. 거래 내역을 위조하거나 해킹하려고 해도 구성원 전원의 장부를 모두 변경해야 하므로 사실상 불가능하다.

//////////////
### 데이비드 다우드의 설명

"전자화폐 '비트코인' 전용으로 설계된 블록체인은 최초의 블록체인으로서 각각의 거래가 암호화되어 블록으로 저장되는 형식을 따른다. 거래 발생 시 거래기록을 암호화된 고윳값으로 정해 이전 블록에 덧대어 저장하며, 이렇게 연속으로 누적된 블록들이 사슬처럼 얽혀 (한 마디로)'블록체인'이 생성된다."
//////////////
–프랑스 정보통신 기업 말템 컨설팅(Maltem Consulting)소속의 데이비드 다우드(David Daoud) 발언 인용.

하지만 블록체인에서 이뤄지는 거래에 합법적 효력이 발생하려면 암호화 규정을 준수해야 한다. 다시 말해 각각의 거래마다 각기 다른 비대칭 암호화 키, 즉 '개인용 복호화 키'와 '공개 암호화 키'가 걸려 있어야 한다.

따라서 비트코인 블록체인에서 거래를 실행하려면 다음의 세 가지 정보가 필요하다.

- 송금인의 네트워크 주소에 해당하는 개인용 복호화[1] 키
- 수취인의 네트워크 주소에 해당하는 공개 암호화 키
- 거래 금액

비트코인 이용자의 네트워크 주소는 알파벳 대·소문자와 숫자를 포함하여 58개 부호로 구성된 아스키 코드(ASCII)[2] 형식이다. 단, 1과 0, 그리고 I와 O의 경우 몇몇 글꼴에서 비슷하게 보여 개발자 나카모토 사토시[3]가 코드에서 제외시켰다. 그리하여 최초로 만들어진 주소는 1A1zP1eP5QGefi2DMPTfTL5SLmv7DivfNa44였다(일례로 필자의 비트코인 주소는 '112BekzNCw8xEfwtpwDgKr3zEfUgyuxUZV'다).

자신의 비트코인 주소 하나만 있으면 얼마든지 비트코인을 수취할 수 있다. 비트코인 소프트웨어를 실행할 필요도 없다. 수취인은 자신의 어드레스만 알려주면 되고, 거래 내역을 네트워크에 발송하는 일은 송금인이 한다.

최근 들어 비트코인을 위시 한 전자화폐, 블록체인에 대한 대중적

---

1 복호화: 디지털 신호를 전송할 때, 정보가 유실되는 것을 방지하고 전송 과정에서 발생하는 변조 현상을 막기 위해 암호로 변환시켜 전송하는데, 이때 수신 측에서 이 암호를 다시 원래 데이터로 복원하는 것.
2 아스키 코드(ASCII, American Standard Code for Information Interchange), 즉 '미국 정보교환용 표준부호' 는 컴퓨터상에서 문자를 표현하는 표준 코드체계로서, 후속 코드(유니코드 등) 개발에 지대한 공헌을 했다.
3 나카모토 사토시는 비트코인 최초 개발자다. 자세한 내용은 다음 장 '비트코인 블록체인'에서 살펴본다.

인지도가 점점 높아지고는 있지만, 그 특성과 용도에 대한 인식은 매우 부족한 실정이다. 언론에서 이러한 신기술의 쓰임새를 아무리 떠들썩하게 알려도, 생소한 용어를 많이 사용하는 탓에 공감대를 형성하기 어려운 면이 있다.

그러면 훗날 21세기가 '블록체인 탄생의 세기'로 회자되더라도, 우리 시대의 사람들은 블록체인의 혁신적인 기술을 제대로 이해하지 못한 채 그것이 경제와 사회에 막강한 영향력을 미친다는 정도만 알고 있었을 뿐, 정작 그 기능이나 원리는 제대로 이해하지 못했던 세대로 기억될 것이다.

현재의 블록체인을 인터넷에 비유하면, 인터넷 상용화를 목적으로 개발된 '인터넷 브라우저'(익스플로러, 크롬, 사파리 등-역주)가 등장하기 전의 전문가용 인터넷과 같다. 요즘에는 다행히 브라우저가 대중화된 덕분에 누구나 자유자재로 인터넷 서핑을 하고 PC나 스마트폰으로 금융 거래를 할 수 있게 됐다. 하지만 대중을 위한 인터넷 교육이 없었던 탓에 인터넷이 정확히 무엇이고 어떤 원리로 작동하는지는 대부분 모르고 있다. 블록체인의 경우에도 브라우저 격인 인터페이스(사물과 인간의 소통을 위한 매개체-역주)가 개발된 연후에야 상용화에 돌입할 것이고, 그러면 인터넷의 전력을 그대로 답습할 수 있다. 미리미리 일반인을 위한 블록체인 교육이 추진돼야 한다.

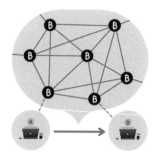

**기존 시스템 :** 거래를 중개하는 금융기관의 서버를 통해, 몇 단계 복잡한 인증을 거쳐야 하는 중앙 집중형 금융 거래 방식

**VS**

**블록체인 시스템 :** 거래를 중개하는 금융기관 없이, 모든 거래자가 각자의 기기에 거래 기록을 저장, 관리하는 분산형 방식(공개형 분산 원장)

# 블록체인,
# 어떤 분야에 활용될까?

## 첫 번째 영향 받을 분야, 금융권

블록체인은 정보 거래의 분산, 보안유지, 투명성 확보하기 위해 개발된 전대미문의 솔루션이다. 여러 단계의 복잡한 인증 과정을 생략하고 사용자가 직접 정보를 저장·교환·검열·인증하므로 중개자에게 지급하는 수수료 등의 비용이 거의 발생하지 않는다. 이처럼 '제3신뢰(인정)기관'이 없다는 점이 혁신 중의 혁신이며, 블록체인만의 독창적인 특징이다.

블록체인 기술을 적용한 분야 중에 가장 널리 알려진 것은 '비트코인'을 필두로 한 '암호화폐'다. '가상화폐' 또는 '디지털화폐'라고도 한다. 금융계 외에도 활용 가능한 분야는 많다.

현재는 몇몇 분야에 불과하지만 그 무궁무진한 잠재력으로 경제,

사회 전반으로 영향력이 확대될 전망이다. 게다가 하나둘 신기술이 나오면서 활용 분야는 한층 더 늘어날 것이다.

'비트코인 블록체인'은 2009년 나카모토 사토시에 의해 세상에 모습을 드러냈다. 당시 사토시가 구상했던 블록체인은 단순히 금융 분야에 이용되는 도구가 아니라, 금융 분야를 대체하는 블록체인이었다.

그 후로 블록체인 기술이 금융 비즈니스 모델의 위협 요인이기도 하지만, 달리 보면 기회 요인도 된다는 분석이 금융권 내부에서 나왔다.

프랑스 경제학자 필리프 에를랭[1]은 2015년 10월 일간지 〈르몽드〉 인터뷰 기사에서 블록체인 기술의 '은행·금융권 도입 가능성'을 시사했다. "블록체인은 우버Uber, 에어비앤비Airbnb 등 P2P 상거래에 기반을 둔 우버화 서비스의 종착점이다. 한편으로 정보처리 전문 인력을 통해 개인 간 인터넷 거래를 촉진한다는 점에서 보면, 현재의 우버화 서비스도 블록체인과 궤를 같이한다고 할 수 있다"고 했다.

2015년 10월을 기해 프랑스 언론은 블록체인 기술이 경제, 금융, 사회 구조를 재편해 일대 혁명을 몰고 오리라고 앞 다퉈 예고했다. 이후로 관련 기사들이 눈덩이처럼 불어났다. 이에 질 새라 미래학자와 예언자들도 속속 입장을 정리해 블록체인이 향후 개혁과 혁명을 주도할 것이라고 전망했다.

이렇듯 가상화폐 비트코인을 비롯해, 세상을 변혁할 블록체인 기술

---

1    필리프 에를랭(Philippe Herlin)은 프랑스 경제학자로 대표작 《화폐의 민주화, 비트코인의 혁명(La Révolution du bitcoin et des monnaies complémentaires)》이 있다

이 등장했다는 보도가 걷잡을 수 없이 확산되자, 은행과 금융기관들도 더는 블록체인을 외면할 수가 없었다. 블록체인 기술이 본격적으로 도입될 경우, 은행과 같은 중앙관리기관 없이도 최소한의 수수료로 원하는 시점에 즉각적 거래가 가능해질 테니, 마땅히 대비해야 했다.

더욱이 블록체인은 복식부기의 위험성과 자기자본의 부담을 덜어주는 장점이 있다. 또 컴퓨터 네트워크 관련 인프라 경비, (접근성/안정성 확보를 위한) 정보처리 비용을 줄여주는 장점도 있다. 어떤 분야보다도 특히 금융계를 혁신할 만반의 준비를 갖추고 있는 셈이다.

///////////////

**스페인 *산탄데르 은행의 블록체인 효과 분석**

2015년 산탄데르 은행은 〈*핀테크 2.0〉 보고서에서 "블록체인 기술 적용 시 해외송금 수수료, 금융거래, 거래 쌍방의 거래내역 일치 확인 등과 관련된 은행 인프라 유지비가 2022년까지 매년 150~200억 달러(최대 179억 유로) 정도 절감 가능하다고"고 발표했다.

///////////////

*산탄데르 은행(Banco Santander): 1857년 설립되어 전 세계 1억여 고객을 보유하고 있는 스페인 은행. 세계 금융위기를 극복하여 탁월한 리스크 관리 능력을 입증함—역주
*핀테크:금융과 기술의 융복합—역주

이에 상당수 세계은행은 블록체인이 단시일에 막대한 경비 절감 효과를 창출하고, 나아가 금융 시스템을 뒤바꿀 잠재력을 갖고 있음을

파악하고, 2015년 9월 금융 관련 IT 스타트업 'R3'의 주관으로 글로벌 블록체인 컨소시엄 R3CEV(통상 명칭은 'R3')를 결성했다. 블록체인 기술을 신중히 검토한 다음, '불특정 다수를 위한 비트코인'인 퍼블릭 블록체인 보다는 특정 소수를 위한 '프라이빗' 블록체인 시스템을 개발하겠다는 전략이 숨어있었다. 이후 R3는 2016년 4월 금융에 특화된 블록체인 일종인 '코다Corda' 분산원장 플랫폼을 출시했다. 현재(2016년 8월) 50개 이상 회원사를 확보한 범세계적 블록체인 컨소시엄으로 자리매김했다.

2015년 12월, 리눅스 재단, IBM 그리고 향후 하이퍼레저[1](컨소시엄 연합체) 사업에 출자할 예정인 블록체인 기술회사 '디지털 애셋홀딩스'는 블록체인 기반의 분산원장을 공동 개발하는 것을 목표로 블록체인 오픈소스를 공개하고 하이퍼레저 프로젝트[1]를 조직했다. 프로젝트에 제휴한 금융기관으로는 미국계 경영컨설팅기업 액센추어, 미국계 IT기업 시스코, IBM, 인텔, 미국계 투자은행 J.P.모건, 블록체인 플랫폼 공급업체 크레디츠, 일본의 IT기업 후지쯔, 런던증권거래소, 블록체인 컨소시엄 R3, 미국계 클라우드컴퓨팅업체 VM웨어, 미국계 금융지주회사 웰스파고 등이 있다.

프랑스 국내에서도 블록체인의 발전적 도입 및 상용화 노력이 시도된

---

1 하이퍼레저(Hyperledger)프로젝트 : https://www.hyperledger.org/ 이 프로젝트의 목표는 블록체인과 분산 원장을 개발하여 산업간 협력을 도모하는 것이다. 이것은 자체 컨센서스 를 갖춘 블록체인을 비롯하여 금융, 사물 인터넷IoT, 스마트 계약 서비스 등 관련 모듈 프레임 워크를 통해 독립적 개방형 프로토콜과 글로벌 협업을 목표로 한다.

바 있다. 2016년 6월 에마뉘엘 마크롱 전 경제부 장관(현 프랑스 대통령-주)은 "블록체인 시범운영에 앞서 양도성예금증서 제도를 쇄신하고, 소액채권[1] 구축에 필요한 금융법규를 제정 하겠다"고 밝혔다. 프랑스 최초의 블록체인 시범운영에 힘입어, 머지않아 블록체인 기술의 대중화와 실용화가 본격화될 조짐이다.

| 관련사례 |

**\*골드만삭스, 핀테크 채택으로 사업방향 선회**

「앞으로 골드만삭스 임직원의 3분의 1정도(1만2천명, 구글 전체 임직원 수의 절반 수준)가 IT엔지니어와 데이터과학자 등의 기술직으로 충원된다. 로이드 블랭크페인 골드만삭스 최고경영자(CEO)는 이제 골드만삭스는 은행이 아니라 테크놀로지 기업이라고 선언했다. 잇따라 골드만삭스는 자사 플랫폼 일부를 오픈소스로 공개 전환해 종래의 조직문화를 지배했던 기밀유지의 관례를 끝낼 것임을 약속했다. 아울러 '블룸버그 메신저'(월스트리트 대표 메신저-역주)와 용호상박할 결정적 대항마로 '심포니'를 개발했다. 심포니의 운영비는 블룸버그 메신저의 1% 수준이다. 한마디로 골드만삭스 기업 전략의 중심에 블록체인에 있다는 얘기다. 2015년 9월 출시된 블록체인 컨소시엄 R3CEV를 개발한 9명 중에도 골드만삭스 인재가 포함돼 있다.」

이렇듯 블록체인의 미래는 전도유망하다. 금융계 너머로 영향력을

---

**1**　소액채권(Minibons) : 이자부어음 또는 제로쿠폰본드 성격의 크라우드펀딩용 채권이다. 만기까지 이자를 지급할 필요가 없어 기업의 자금 부담을 덜어 주며, 할인발행이므로 일반채권보다 투자금액이 적어 운용효율이 높은 장점이 있다.

확대하는 가운데, 다음 타깃은 보험계가 될 것으로 보인다. 나아가 경제와 사회 중추에 이르기까지 '점진적 또는 급진적'(앞으로 증명될 것이다) 파장을 몰고 올 기세다.

## 블록체인의 활용

블록체인이 활용될 수 있는 분야를 간략히 살펴보자(3장 참조).

- 금융(즉시 송금 가능, 수수료 거의 없음)
- 보험(소액보험계약, 소액결제, 동일 사건 이중결제 방지, 보험사기 예방, 효율적인 고객 정보·데이터 관리, 자산거래이력 인증)
- 정부(정보보안이 확실하고 투명한 선거시스템, 세금징수, 토지대장)
- 전자상거래(간편하고 안전한 온라인 결제, 혁신적 거래 플랫폼)
- 사물인터넷(IoT, Internet of Things)
- 산업현장(사물간 연결 및 사물의 독립화를 통한 거래 구현)
- 디지털 ID
- 유통(알고리듬을 이용한 프로세싱 및 계약 체결)
- 식품 (원산지 확인, 생산지로부터 최종 소비자까지 식품 유통경로 추적관리)
- 지식재산권 (언론기사, 사진, 음원, 일러스트레이션)
- 토지대장이 없는 국가의 부동산 거래

- 예술·문학작품, 물건 가치의 진위 감정

- 교육(학위 검증)

- 건강 (의약품 유통이력 추적관리, 개인 건강정보 보호, 환자 데이터 관리)

- 에너지(스마트 그리드smart grid, 전력 공급자와 소비자의 실시간 정보교환을 통해 에너지 효율을 최적화하는 차세대 지능형 전력망-역주), 스마트 빌딩, 스마트 시티 등

- 공유경제(차량 카셰어링 등)

| 관련사례 |

**\*블록체인이 금융·은행권에서 이상적인 도구로 자리매김하려면**

「2015년 10월 파리에서 열린 핀이어 그룹Finyear Group 주최 블록체인 비전 콘퍼런스에서 루카 콤파리니 'IBM 프랑스' 블록체인 사업부 총괄은 블록체인의 금융권 내 활용 효율을 높이기 위해 다음의 기능을 보강해야 한다고 진단했다.

- 개인정보 관리 : B2B 네트워크상의 금융거래 시에는 상대방 신원확인 절차가 반드시 필요하다.

- 조정 가능한 합의 알고리즘: 블록체인 참여자의 신원확인에 사용되는 작업증명(POW, proof of work) 알고리즘은 느린 속도와 높은 비용으로 실용성이 떨어지는 편이다. 사용자의 필요에 따라 거래증명 알고리즘을 변경할 수 있도록 해야 한다.

- 비밀유지 보장 : 개인의 금융거래 내역은 공개되어서는 안 된다.

- 회계감사가 가능한 거래 장부: 개인의 금융거래를 비밀로 유지하되, 관리자는 예외로 접근할 수 있어야 한다.

- 대량의 거래정보도 거뜬히 처리하는 '확장 가능형' 블록체인 : 금융거래량이 아무리 많아도 원활히 지원할 수 있어야 이상적인 블록체인이다. 현재 이와 관련해 많은 문제가 제

　　　　　　　　　　　　　　비파괴적 신뢰혁명 기술 블록체인

기되고 있다.

- 장기적 사용이 가능한 블록체인: 기존 금융거래 시스템은 기나긴 역사를 자랑한다. 새
  로 개발된 시스템도 오래도록 사용돼야 한다. 당장은 알 수 없지만 향후 어떤 문제가 나타
  날지 예측, 대비해야 한다.

IBM은 블록체인 기술이 걸음마 단계이며 은행권의 니즈에 완전히 부응하지 못하고 있는
실정이다. 특히 '확장성'과 '금융거래의 비밀유지' 문제가 블록체인 활용의 최대 걸림돌로 작
용하고 있다. 이에 콤파리나는 'IBM은 블록체인에 초보이기는 하지만 은행권만 주목하지
않고, 막대한 영향력과 경쟁력을 지닌 B2B 분야 전반에 대해 블록체인 연구를 심도 있게
진 중'이라고 전했다.

2015년 12월 이후로 시중 은행들 사이에서 블록체인 프로젝트가 대대적으로 도입되고 있
다. IBM은 이에 부응하는 솔루션으로 (4장에서 살펴볼) 하이퍼레저를 제시하고 있다.

이 추세에 동참하는 은행이 점점 많아지고 있다. 상호운용성(interoperability, 동일 시스템으
로 합의한 이용자들 끼리 원활한 사용-역주)의 원칙에 따라 모두 한 배를 탔다는 마음으로 협력할
때, 조화로운 블록체인 생태계가 구현된다는 점을 덧붙이고 싶다. 각자도생하게 되면 소기
의 목적을 이룰 수 없다.」

BLOCKCHAIN

Chapter 02

블록체인의 오늘

"변화의 비결은 과거와 투쟁하는 것이 아니라
새로운 무언가를  창조하기 위해 에너지를 집중하는데 있다."
– 댄 밀먼(Dan Millman, 미국 작가 · 자기계발강연자 – 역주) –

# 01

# 비트코인 블록체인

이번 장에서는 블록체인 생태계를 구성하는 여러 가지 블록체인을 출현 순서대로 알아본다. 먼저 비트코인 블록체인과 그 생성 과정을 살펴보자.

## 역사 훑어보기

비트코인은 원래 B-머니[1]와 컴퓨터과학자 닉 사보[2] 가 발명한 비트골

---

1    비-머니b-money: 1999년 암호학 전문가 웨이 다이Wei Dai가 구상한 최초의 암호화폐. 각각의 서버에 입금된 화폐가 하나의 저장소로 흘러들어가는 구조를 대략적으로 구상한 것.
2    닉 사보(Nick Szabo) : 2005년 연산 증명용 블록체인 사용을 제안한 컴퓨터과학자·법학자·암호전문가로서 스마트 콘트랙트(Smart Contract)와 전자화폐 관련 연구업적으로 정평이 나있다. 미국 위싱턴대학교 정보과학 학위를 이수했다.

드bitgold를 업그레이드하여 개발된 차세대 전자화폐다.

이해를 돕기 위해 기본 용어의 뜻부터 알아보자. 밑바탕이 되는 용어의 뜻을 파악하고 들어가면 내용을 이해하기가 한결 수월할 것이다.

•**비대칭형 암호화 방식 또는 '공개 키 암호화 방식'**은 '대칭형 암호화 방식'과 반대되는 기술이다. 발신자의 정보를 암호화해서 보내는 '암호화 키'와 발신자의 암호화 정보를 수신자에게 해독하는 '복호화 키'로 구성된다(사용자가 직접 암호화/복호화를 처리할 수 있다).

• **분산 파일 시스템**은 네트워크에 상호 연결된 개별 연산장치(컴퓨터, PDA), 하드웨어 프로세서(컴퓨터 시스템), 소프트웨어 프로세서, 스레드(thread, 프로세서 내부에서 실제 작업을 수행하는 코드-역주) 등의 집합체를 말한다. 이를테면 하나의 네트워크에 여러 컴퓨터가 맞물려 있고, 컴퓨터마다 여러 소프트웨어 프로세서가 작동하는 방식이다.

### ① 1977~2005년 : 비트코인과 비트코인 개발자의 출현 전

• 1977년 : '암호화 공개키'와 발신자가 보낸 암호화 정보의 해독용 '복호화 개인키'를 함께 사용하는 최초의 암호화 기술 RSA[1]가 등장했다.

• 1979년 : 미국 컴퓨터과학자 랄프 머클[2]이 대량의 데이터를 효과적

---

1 　미국 매사추세츠공과대학교(MIT) 교수 로널드 리베스트(Ronald Rivest), 애디 샤미르(Adi Shamir), 레너드 애들먼(Leonard Adleman)이 각자의 성(姓) 첫 글자를 따서 RSA 시큐리티(RSA Security)라는 보안기술업체를 공동 창업한 후 공개키 암호화 시스템을 개발해 동명의 비대칭 암호화 알고리듬 RSA를 선보였다.

2 　랄프 머클(Ralph C. Merkle)은 미국 출신의 나노테크놀로지 전문가로서 마틴 헬먼(Martin Hellman), 휫필드 디피(Whitfield Diffie)와 더불어 비대칭 암호화 기법의 선구자로 꼽힌다. 1974년 공개키 암호화시스템(개인키 정보는 자신만 알고 공개키를 통해 안전하게 거래하는 시스템)의 초기 모델 '머클의 퍼즐(Merkle's Puzzles)'을 발명했다(1978년 발표).

이고 안전하게 저장, 검증하는 압축 메커니즘 '해시 트리'hash tree (또는 머클 트리Merkle tree)를 발명했다. 이를 비트코인 프로토콜에 적용하면 '머클 루트root'를 통해 데이터 블록에 저장된 전체 거래내역이 타당한지 검증할 수 있다.

- 1990년 : 미국 수학자 데이빗 촘이 암호정보 프로토콜에 기초한 전자화폐 디지캐시DigiCash(중앙은행에서 화폐를 발행하면 개인별로 전자서명을 표기하는 방식)를 고안했다.

- 1992년 : 미국 보안기술업체 서티콤Certicom의 스콧 밴스턴이 기존의 암호화 기술 RSA보다 암호키 길이가 짧고 암호화·서명 속도가 빨라진 'ECDSA알고리즘'(타원곡선전자서명알고리즘, Elliptic curve digital signature algorithm)을 제안했다.

- 1994년 : 닉 사보가 비트코인 블록체인의 원리를 발전시켜 전자서명 방식의 일종인 스마트 콘트랙트smart contract를 고안했다(이번 장의 '이더리움 블록체인' 부분을 참조할 것).

- 1996년 6월 18일 : 미국 국가안보국(NSA)에서 연구보고서 〈전자 화폐 발행 방식: 익명 전자화폐의 암호화〉를 발표했다.

- 1997년 : 영국의 암호전문가 애덤 백Adam Back은 1993년 발표된 신시아 드워크Cynthia Dwork와 모니 나오르Moni Naor의 연구보고서 〈정크 메일 프로세싱 또는 방지를 통한 가격결정〉에 소개된 아이디어를 발전시켜 해시캐시(HashCash, 스팸메일 억제 수단-역주)를 고안했다. 훗날 애덤 백은 비트코인 개발자로 알려진 신원 미상의 프로그래머 나카모토 사토시와

최초로 대화를 나눈 인물로 기록됐다.

- 1998년 : 전자화폐 개발업체 디지캐시가 파산함. 비트코인 핵심 기술을 창안한 암호학 전문가 웨이 다이Wei Dai가 분산원장 기술 '더 사이퍼펑크The Cypherpunks'에 기초해 최초의 전자화폐를 구상했다.

- 1999년 : 미국 프로그래머 숀 패닝은 P2P 기술을 이용한 오디오파일 공유 플랫폼 냅스터Napster를 개발했다. 냅스터는 중앙집중식 데이터 기억장치인 서버 팜(server farm 네트워크에 연결된 서버들의 집합-역주)을 기반으로 사용자들이 각자 보유한 파일을 공유하는 방식으로 운영됐다. 그러나 서버 팜에 장애가 발생하면 전체 서비스가 중단되는 '단일장애시스템'이라는 것이 결정적 취약점이었다. 게다가 음원 불법복제로 인한 지적재산권 침해 죄로 걸려 2001년 미국연방수사국(FBI)에 의해 냅스터 사이트는 폐쇄됐다.

- 2000년 : 탐 페퍼Tom Pepper와 저스틴 프랭클Justin Frankel이 P2P 파일 전송 플랫폼 가운데 최초로 완벽한 분산형 시스템을 갖춘 그누텔라Gnutella를 개발했다.

- 1998~2005년 : 닉 사보는 비트코인에 도입된 타임스탬프(time stamp 데이터가 존재했음을 증명하기 위해 특정 위치에 시각을 표시하는 것-역주), 전자서명, 공개키 등의 다양한 요소를 이용하여 위조 불가한 블록체인 구조에 기반을 둔 분산형 전자화폐 비트골드BitGold를 개발했지만 외부 공격에 취약한 시스템이 단점이다.

- 2004년 : 탈중앙화 화폐 시스템을 구축하기 위한 방편으로 리플페

이Ripplepay가 개발됐다.


## ② 2007~2010년 : 가상화폐 '비트코인'과 '비트코인 블록체인'의 등장

**나카모토 사토시中本哲史는 누굴까?**  간략한 인물 소개 :

- 2007년 이후: 나카모토 사토시라는 정체불명의 인물이 스스로 비트코인 개발을 추진하고 있다고 발표했다. 실명 및 가명 여부에 대한 확인이 불가했다.

- 2008년 8월 19일 : 비트코인 도메인 bitcoin.org 을 등록했다.

- 2008년 10월 31일 : (2007년부터 개발 중이라 밝혔던) 비트코인의 탄생을 알렸다. 논문 〈비트코인: P2P 전자화폐 시스템(Bitcoin : A Peer-to-Peer Electronic Cash System)〉를 발표하고 수십 년 전부터 암호전문가들이 악전고투해온 이중지불[1] Double-spending 문제, 이른바 '비잔틴 장군 문제[2] 의 해법을 공개했다. 이로써 금융거래 양측이 복잡한 인증 절차 없이 간편하게 자금을 주고받을 수 있는 방법이 제시됐다.

- 2009년 1월 3일 : 최초의 블록(블록 제네시스)을 구축했다.

- 2009년 1월 12일 : 최초의 비트코인 거래를 개시했다.

  2009년 2월 : 나카모토, P2P 기술 연구기관 P2P 파운데이션(Foundation) 홈페이지에 비트코인 소프트웨어의 최초 버전 공개 후 비트

---

1　이중지불Double-spending : 전자화폐를 불법 복제하여 무단으로 반복 사용하는 것–역주

2　비잔틴 장군 문제Byzantine Generals Problem : 일부 장애가 발생해도 전체는 정상적으로 돌아가는 '장애허용시스템'이다. 한 치의 오작동도 없어야 하는 금융거래와 같은 시스템에는 독이 된다.　3)작동원리 ⑥참조

코인 발행을 개시했다.

- 2009~2010년 : 나카모토(또는 익명의 연구단체, 여전히 나카모토의 정체가 밝혀지지 않았음), 비트코인을 본격 발행하고 비트코인 전자지갑 소프트웨어 Bitcoin-Qt를 구축했다.

- 2010년 중반 : 비트코인 프로그래머 및 운영관리자들, 나카모토와의 교류가 뜸해졌다.

- 2010년 12월 12일 : 나카모토 사토시, 비트코인 포럼인 비트코인토크Bitcointalk에 마지막 메시지를 올리고 종적을 감췄다. 그전에 서서히 활동을 줄이며 비트코인 수석개발자 개빈 안드레센을 후임으로 내정하고 비트코인 시스템이 만일의 공격을 받았을 경우 피해를 최소화할 대비책으로 '소스포지 비트코인SourceForge Bitcoin' 프로젝트 접근 권한과 '비상 키' 복사본, '개인 암호화 키'를 넘겨준 상태였다. 공격으로 암호 체계에 장애가 발생하면 거래 내역이 변경되거나 네트워크 접속 장치인 노드(node)(이번 장 뒷부분에 자세히 소개됨)의 51% 이상이 차단될 수 있기 때문이다. 참고로 노드는 사용자에게 비상 상황을 알리고 거래 기록을 중단시키는 역할을 한다.

# 용어 정의

'비트코인'은 컴퓨터에서 처리하는 최소 정보 단위인 '비트bit'와 동전을 뜻하는 '코인coin'의 합성어다. 일반적으로 비트코인이라 하면 인터넷에서 컴퓨터끼리 정보를 교환할 때 지키는 통신 규약도 되고, 비트코인 결제 시스템에 쓰이는 통화 단위도 된다.

**비트코인 블록체인**은 중앙관리기관(금융기관)을 거치지 않고 집단지성에 의해 P2P 네트워크에서 작동하는 자유롭고 개방된 기술이다.

기본 통화단위(비트코인 또는 BTC)를 교환할 때마다 대규모 회계장부(원장, ledger)에 각각의 거래내역이 등록되므로 임의로 정보를 조작하는 것이 원천적으로 불가능하다.

비트코인은 네트워크 구성원들이 공동으로 발행하고 거래하므로 기본적으로 공개적인 특성을 띤다. 아무도 임의로 소유하거나 통제할 수 없으며, 구성원들이 동등한 자격으로 참여한다. 이처럼 비트코인은 유례없는 장점을 갖추고 있어 그 미래가 매우 낙관적이다. 종래의 결제 시스템으로는 감당할 수 없는 획기적인 이용 방식을 전제로 하고 있다.

비트코인은 여느 기축통화와 달리 정부나 은행, 기업 등의 중앙기관에서 발행, 관리하지 않는다. 발행되는 순간 대규모 회계장부에 발행 내역이 저장되고 모든 거래가 장부를 통해 이뤄지므로, 장부를 보면 비트코인의 흐름을 파악할 수 있다.

**유럽 최초의 비트코인 거래소 '페이미엄'의 설립자**

**\*피에르 누아자의 설명**

"비트코인은 복잡한 인증 절차 없이 거래되는 신개념 전자화폐, 쉽게 말하자면 인터넷용 현금이다. 기존 화폐와 달리 프로그래밍이 가능하며 중앙은행 없이도 유통된다. 비트코인 전용 전자지갑만 있으면 누구든지 나만의 은행을 개설할 수 있다."
\*피에르 누아자Pierre Noizat : 비트코인 결제 솔루션 공급업체 Paymium의 CEO. 프랑스 비트코인협회 공동 설립자.


# 작동 원리


**비트코인 블록체인**은 '암호화 프로토콜'을 기반으로 작동하는데 그 이유는 다음과 같다.

• 첫째, 이중지불 문제를 방지하기 위해서다(이를테면 A가 B에게 송금할 때 제3자에게 이중으로 전달되지 않게 해야 한다). 이중지불은 현재 까지 비트코인과 같은 가상화폐가 상용화되지 못한 원인이었다.

• 둘째, 비트코인을 무단 복제하거나 전자지갑에 저장된 비트코인 액수를 임의 조작하는 것을 원천적으로 차단하기 위해서다.

아울러 비트코인 블록체인은 다음의 4단계로 작동한다.

첫째, 거래 결과에 대해 쌍방이 동의하는지 확인한다.

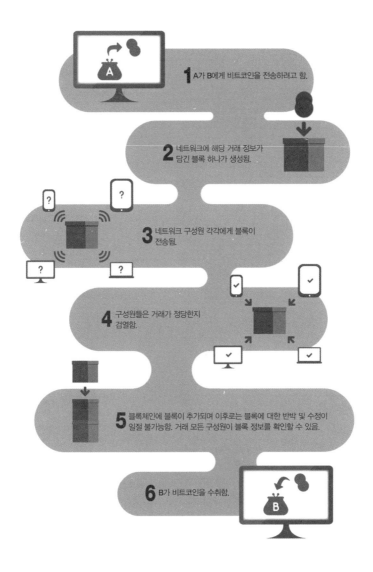

1 A가 B에게 비트코인을 전송하려고 함.

2 네트워크에 해당 거래 정보가 담긴 블록 하나가 생성됨.

3 네트워크 구성원 각각에게 블록이 전송됨.

4 구성원들은 거래가 정당한지 검열함.

5 블록체인에 블록이 추가되며 이후로는 블록에 대한 반박 및 수정이 일절 불가능함. 거래 모든 구성원이 블록 정보를 확인할 수 있음.

6 B가 비트코인을 수취함.

둘째, 해당 거래가 블록체인에 암호화되며 구성원 전체의 승인(뒤에 나오는 '작업증명' 부분 참조)을 통해 법적 실효성을 얻는다.

셋째, 거래가 정식 등록되어 블록체인상의 최근 블록(마지막 블록)에 입력된다.

마지막으로, 블록체인의 복제본이 네트워크에 연결된 모든 노드(참여자)의 컴퓨터에 분산 저장된다.

### ① 네트워크 접속하기

비트코인은 불특정 다수의 개인 참여자들이 네트워크를 조직해 인터넷을 매개로 정보를 교환하는 일종의 P2P 네트워크다. 네트워크에 접속하려면 현재 접속 중인 컴퓨터가 있는지 확인해야 한다.

접속이 완료되면 해당 블록체인이 운영된 이후의 모든 거래 정보가 담긴 데이터베이스(소프트 웨어)를 다운로드 한다. 일정 금액의 비트코인이 한 계좌에서 다른 계좌로 이동한 것을 한 번의 거래로 친다.

계좌번호를 조회할 때는 각각의 비트코인에 부여된 '비트코인 주소'를 보면 된다. 기존의 은행 계좌번호처럼 만들어져 있어 알아보기 쉽다.

/////////////

**'피에르 누아자'의 분석 또는 구매**

"비트코인을 처음 사용할 경우 어렵게 생각하지 말고 자신이 보유한 자산(예:현금)이나 서비스를 비트코인으로 교환하면 된다. 페이미엄 사이트

(Paymium.com)에서 기축통화(달러, 유로 등)를 비트코인으로 교환할 수 있다. 페이미엄은 비트코인을 파는 사람과 사는 사람이 만나는 '비트코인 거래소'다.

**−비트코인은 다음의 3단계로 구매한다.**

- 1단계 : 현금(달러,유로,원화 등)을 입금하면 비트코인으로 자동 환전되는 일반 은행계좌를 개설한다. 향후 이 계좌의 통화 가치는 은행 업무시간에 따라 약간의 시간차를 두고 입금 화폐의 가치로 환산된다.
- 2단계 : 비트코인 거래소 내 주문처에 문의하여 판매자들이 내놓은 비트코인 시세를 조회한다.
- 3단계 : 희망하는 가격대에서 최고가를 기입해 (비트코인) 매수 주문을 넣는다. 최고가가 판매자의 제시가보다 낮으면 거래가 성사되지 못한다. 판매자 입장에서는 자신의 희망가에 못 미치므로 매도하지 않는다.

판매자가 내놓은 수량이 구매자가 원하는 수량보다 적을 경우에는 주문의 일부만 진행된다. 구매자가 희망하는 최고가가 판매자가 제시가보다 높으면 주문이 즉시 진행된다.

////////////////

비트코인 거래소 외에도 '위탁거래 플랫폼'이나 구매는 하지 않고 팔기만 하는 판매처, 자동판매기 등을 통해 구매하는 방법이 있다.[1]

---

1  비트코인 구매 관련 사이트 : https://bitcoin.fr/obtenir-des-bitcoins/

## ② 비트코인 취득 방법

이론상으로 '*채굴'(마이닝) 방식을 통해 비트코인 취득이 가능하다. 그러나 채굴을 하려면 비트코인 거래의 합법성 여부를 검증해야 하기 때문에 가장 쉬운 방법이라 할 수는 없다. 무료이긴 하지만 별도로 컴퓨터 소프트웨어를 설치해야 하고 초보자가 접근, 사용하기에 버거운 데다 난해한 연산문제도 풀어야 하기 때문이다(나중에 '채굴' 관련 부분을 참고할 것). 결론적으로 피에르 누아자가 제안했듯이 가상통화 거래소에 들어가서 주식처럼 사고파는 방법이 가장 손쉽게 비트코인을 취득하는 방법이라 할 수 있다.

## ③ 비트코인 거래

비트코인 거래에 효력이 발생하려면 (암호 용어로) '비대칭 암호화 알고리즘' 또는 '이중 암호 키(공개키)알고리즘'를 이용한 전자서명을 받아야 한다.

맨 먼저, 해당 거래자의 이전 거래내력을 조회하여 비트코인 자산을 확실히 보유하고 있는지, 하나 이상의 비트코인 주소가 생성되어 해당 거래자의 금액이 전송되었는지 등을 검열한다. 정상 거래라면 송금액과 입금액이 당연히 일치해야 한다.

---

\* 채굴mining : 비트코인을 제조하는 것을 말한다. 채굴용 소프트웨어를 설치한 고성능 컴퓨터를 24시간 켜 두고 연산작업을 진행하며, 거래 내역을 암호화하고, 검증과정을 거친 후 저장한다. 채굴자는 그 대가로 일정량의 비트코인을 받는다.

아울러, 거래가 네트워크 전체의 승인을 받으려면 거래 블록이 연속 등록된 거래장부(블록체인)에 하나의 블록으로 등록돼야 한다. 그런 후 최종적으로 전자서명을 받아야 정상 거래로 승인된다.

비트코인 거래량이 나날이 급증하고 있다. 2016년 6월에 일간 20만 회였던 것이 11월 말 30만 회로 치솟았을 정도다.

하지만 초당 거래량으로 보면 기존의 결제 시스템보다 효율성이 떨어진다. 비트코인 네트워크의 초당 거래량이 최대 7회에 불과한 반면, 비자vISA카드는 5만6천 회나 된다. 이를 두고 비트코인의 탄생 배경이나 DNA적으로 한계가 있기 때문이라는 분석이 많다. 앞으로 꾸준한 기술개발이 이루어져야 할 부분이다.

### ④ 전자지갑 '월릿wallet'

은행은 고객 한 명당 여러 개의 계좌를 개설해주고 거래이력을 처음부터 끝까지 조회할 수 있지만, 비트코인에는 계좌라는 개념 자체가 없다. 물론 블록체인도 사용자의 거래이력이나 잔고내역을 추적할 수는 있지만, 원천적으로 확인하지 못하도록 되어 있다. 따라서 사용자의 정보를 수집하는 것이 사실상 불가능하다.

비트코인 사용자는 가상화폐 전용계좌인 '전자지갑'이 있어야 한다. 가상화폐 거래소에 가입하거나 본인 컴퓨터에 가상화폐 프로그램을 설치하면 전자지갑을 만들 수 있다. 전자지갑에는 거래 및 거래내역 조회를 위해 고유의 'IP 주소'가 부여되며, 비대칭 암호화 시스템으로 작동하는 한 쌍의 암호화 키(개인키 혹은 공개키)가 탑재된다. 암호화 키는 블록체인 시스템 접속 및 송금에 필요하며 전자지갑에 자동 저장된다. 비트코인 IP 주소는 64자리 숫자와 알파벳 조합으로 무작위 생성된다. 누구도 개인정보를 알아낼 수 없는 난공불락의 영역이어야 하므로 위변조에 대한 예방이 철저하다. 비트코인은 단 1회만 발급되므로 분실 시 지갑을 열 수조차 없다. 또 분실한 지갑 속의 가상화폐는 유통이 차단된다. 그러므로 현실과 마찬가지로 지갑을 잃어버리는 일이 없어야 한다.

| 관련사례 |

**\*개인키를 분실하면 그 키에 연동된 비트코인도 다 잃게 된다**

「2009년(암호화폐의 인지도와 가치가 거의 없던 시절) 약 7,500비트코인을 구매한 영국 남성 제임스 하월은 실수로, 컴퓨터에 레몬에이드를 쏟고 말았다. 거기에는 거래용 암호화키가 컴퓨터 하드디스크에 저장돼있었다. 당시 1 비트코인의 가치가 1000 달러에 육박했으니 종잡아 750만 달러가 암호화 키에 들어있었다. 애석하게도 암호화 키를 분실해 비트코인을 단 한 푼도 회수하지 못했다. 레몬에이드 한 잔에 참으로 비싼 값을 치른 셈이었다.」

⑤ 비트코인의 가치

비트코인의 가치(가격)는 정치·경제·사회적 상황과 거래소의 여건에 따라 유동적으로 결정된다. 비트코인 발행과 관련한 규정은 비트코인 소프트웨어의 오픈소스 코드open source code에 따라 결정다.

비트코인의 가치는 그 교환가치를 인정하는 공동체의 합의를 통해 발생한다. 쉽게 말해서 달러 등의 명목화폐에 비유할 수 있다. 명목화폐 이전에는 국제 금융거래의 기준이 금본위제의 실물화폐(commodity money)였고, 개인이 보유한 지폐의 가치를 확인하려면 중앙은행 창구에서 한참 대기했다가 금으로 교환해봐야 알 수 있었다. 그러던 것이 1973년부터 국제사회의 합의에 따라, 지폐 가치를 편리하게 확인 가능한 명목화폐 중심의 제도가 확립되었다."

/////////////

나카모토 사토시는 비트코인 블록체인을 개발해 세상에 내놓으면서 2,100만 비트코인만 발행하겠다고 프로토콜(네트워크의 작동 방식을 규정하는 통신 규약)에 명시했다. 화폐 발행 한도를 설정한 데는 인플레이션을 방지하기 위한 목적이 있었다.

비트코인 거래 단위 :

- 1 비트코인 = 1,000 밀리-비트코인(milli-bitcoin)
- 1 비트코인 = 1,000,000 마이크로-비트코인(micro-bitcoin) 또는 비트(bit)
- 1 비트코인 = 100,000,000 사토시(satoshi)

그리하여 비트코인 공급량은 2,100만 개로 제한되고 1비트코인은 소수점 8자리 단위까지 거래할 수 있게 됐다. 다시 말해 최소 거래 단위가 0.00000001 ($10^{-8}$) 비트코인이었다. 비트코인 커뮤니티는 개발자에 대한 헌정의 뜻을 담아 이 최소 거래 단위를 '사토시'로 명명했다.

2009년 1월 3일 1차로 50개 비트코인이 발행되어 거래를 개시했다. 당시 시세로 미화 0달러나 다름없던 비트코인의 가치는 2016년 11월 말 이르러 700 달러를 웃돌았고, 2017년 12월17일 한때는 19,000달러 이상 폭등하는 현상까지 있었다[1].

### ⑥ 비트코인 : 채굴 또는 합의

비트코인 블록체인에 신규 거래를 추가하고 신규 비트코인을 발행하려면 '채굴mining'이라는 합의 절차를 거쳐야 한다.

쉽게 말해 채굴은 비트코인 등의 가상화폐를 취득하기 위한 사전 활동이다. 복잡한 연산문제를 풀고 최근 10분간 쌓인 비트코인 거래내역을 검증, 암호화, 저장하고 그에 상응하는 보상으로 가상화폐를 받는다. 채굴자miner는 특수 컴퓨터하드웨어(채굴기)를 이용해 채굴한다. 채굴자는 비트코인의 이력을 검증하고 네트워크를 보호하며, 그 대가로 신규 발행된 비트코인을 받는다.

네트워크 이용자의 일부가 채굴자로 활동한다. 컴퓨터를 이용해 복잡한 연산문제를 해결함으로써 블록체인 거래를 검증, 등록, 보호해야 채굴이 완료된다.

결론적으로 보면 '승자독식'의 체제다. 거래가 발생할 때마다 수천 명

---

1   출처 : https://blockchain.info/fr/charts/market-price?timespan=all

      비파괴적 신뢰혁명 기술 블록체인

의 채굴자가 문제 해결에 나서지만 단 한 명의 채굴자가 먼저 제출한 답만이 거래로 승인되기 때문이다.

아울러 승인받은 거래를 블록에 등록하려면 참여자들의 합의가 있어야 한다. 이러한 채굴 방식을 작업증명(PoW, proof of work) 방식이라고 한다. 참고로 블록이 2016개씩 쌓일 때마다 문제의 난이도가 조정된다.

네트워크 측은 전 세계 채굴자들이 총 2016개 블록을 채굴하는 데 정확히 14일이 걸리도록 문제 난이도를 조정한다. 따라서 채굴자 수가 증가하거나 연산력이 향상되면 문제 난도가 높아진다.

요컨대 채굴은 탈중앙화, 분산화 방식의 합의에 기반을 둔 공공 합의형 규약(알고리즘)[1]으로서 데이터 해독이나 연산능력이 필요하다. 가상화폐를 암호화폐라고 부르는 이유도 이처럼 암호를 해독해야 화폐를 발행할 수 있기 때문이다.

그런데 채굴자에게만 거래 검증 권한이 있는 것은 아니다. 누구든지 비트코인 코어Bitcoin Core[2] 프로그램을 작동하면 거래의 합법성을 검증할 수 있다. 이처럼 구성원 모두가 거래의 합법성을 검증할 수 있는 것이 비트코인 프로토콜만의 특징이자 강점이다.

---

1　비트코인 채굴에 적용되는 해시 알고리즘은 SHA-256과 RIPEMD-160이다. 더블해싱(double hashing) 기법을 따르는 SHA-256는 블록의 해시를 획득하는 용도로 쓰이며 이런 까닭에 작업증명(PoW) 방식을 따른다. 반면에 SHA-256과 RIPEMD-160은 비트코인 주소 생성에 사용된다. (해시.hash : 정보의 위변조를 방지하기 위해 문자열을 더 짧은 길이의 값이나 키로 변환하는 것–역주)
2　비트코인 코어(Bitcoin Core)는 '비트코인 코어'로 명명된 비트코인 관리 프로그램을 관리, 배포하는 오픈소스 프로젝트를 말한다. 원래 나카모토 사토시가 그 유명한 '비트코인 백서'를 출간하면서 공개한 최초의 비트코인 관리 프로그램의 후속 버전으로 출시됐다.

⑦ 에너지(전력) 소비 관련 문제

비트코인 네트워크를 가동하려면 막대한 전력이 필요하다. 각종 시스템에서 합의 메커니즘으로 가장 많이 사용하는 작업증명(PoW) 방식은 원래 전기소비량이 엄청나기로 알려져 있다. 사상 최대 규모의 네트워크를 자랑하는 비트코인 네트워크가 본격 가동될 경우, 아일랜드의 전기소비량과 맞먹는 42 TWh(2017년 11월 기준)을 기록할 것으로 예측된다. 이산화탄소 배출량은 20메가톤에 이른다.

몇 해 전부터 은행권의 로비에 매수된 과학자, 기자들이 '블록체인 채굴은 에너지 낭비[1]'라며 거세게 비방하고 있다. 이들의 말이 과연 맞는 걸까?

///////////////
**피에르 누아자의 분석**

"비트코인 네트워크의 1초당 연산능력은 '5,000억 메가해시Mhash/초' (2015/11/28 기준)로 확인됐다. 비트코인 채굴 프로그램의 1일 작업효율은 '2000 Mhash/일'로 예상된다.   게다가 수(십)년 내 양자컴퓨터가 도입되면 경이로운 수준으로 향상될 것이다.

전 세계 비트코인 네트워크의 전력소비량은 대략 250 메가줄MJ/초 (= 250 메가와트/초)로 미국 내 10만 가정의 에너지 사용량과 맞먹는다.

현금지급기(ATM)와 비교해보자. 세계적으로 총 2백만 대 정도의 현금지급기가 있다. 1대당 평균 전력소비량은 200와트/초, 최신 기기는 이론상 70와트/초다(출처:diebold.com). 현금지급기 단독으로(연동된 네트워크 및 데이터센터 제외) 1초당 400메가와트(4억 와트)를 소비한다는 얘기다.

게다가 일반 지폐는 고급 종이와 방탄용 수송차량 등의 제반 비용이 들어가지만, 비트코인은 전자화폐라서 탄소배출량이 기존 결제 방식의 3~4분의 1 수준으로 대폭 줄어든다.

2015년 미국 내 평균 전기료 단가는 킬로와트/시(KW/h)에 10센트로, 시

---

1   연관 기사 '비트코인을 지지하다'(http://www.scilogs.fr/complexites/plaidoyer-pour-le-bitcoin/): 2013년 언론과 은행권에서 퍼뜨린 비트코인 관련 허위 정보 고발

간당 총 25,000달러의 전기료가 발생했다. 1비트코인 발행에 167달러가 '투입'되니, 25,000달러면 시간당 150비트코인을 발행할 수 있다. 당시 시세로 1일 비트코인 거래량의 절반 수준이다. 결국 현재는 물론 향후 비트코인의 효용가치를 우리가 얼마나 인정하느냐, 무엇에 비교우위를 두느냐가 비트코인 성장의 변수로 작용할 것이다."

////////////////

＊피에르 누아자Pierre Noizat : 비트코인 결제 솔루션 공급업체 Paymium의 CEO. 프랑스 비트코인협회 공동 설립자

## ⑧ 비잔틴 장군들 문제

### ㉠ 정의

'비잔틴 장군들의 문제' 또는 '이론'은 조직 내 정보전달의 신뢰성과 조직원의 청렴성을 수학에 비유한 이론으로서, 정보의 출처와 전달경로가 의심스러운 상황에서는 정보를 신뢰할 수 없음을 보여준다.

문제를 해결하려면 적합한 전략(알고리즘)이 필요한데, 이 이론을 처음으로 심도 있게 다룬 것은 1982년 논문 〈비잔틴 장군들의 문제〉[1]였다.

### ㉡ 비잔틴 장군들의 문제와 블록체인의 관계

비잔틴 장군들의 문제 : 비잔틴제국 장군들이 각 부대 당 한 명씩 배치돼 있다. 장군들은 임무 상 서로 협력해 적군의 도시를 함락해야 하며, 이를 위해 전달 병을 매개로 서로 교신하고 있다. 그런데 장군들

---

1  《비잔틴 장군들의 문제(The Byzantine Generals Problem)》, ACM Transactions on Programming Languages and Systems, vol. 4, n° 3, 1982년 7월

중에는 공동의 공격 계획이 실패하기를 기도하는 배신자가 숨어있다 (컴퓨터 시스템에서는 틀리거나 잘못된 정보로 인해 발생하는 장애를 '비잔틴 장애'라고 한다). 이런 상황에서 공격에 성공하려면 나머지 장군들끼리 긴밀히 공조하는 수밖에 없다.

– * 비잔틴 장군들의 문제 –

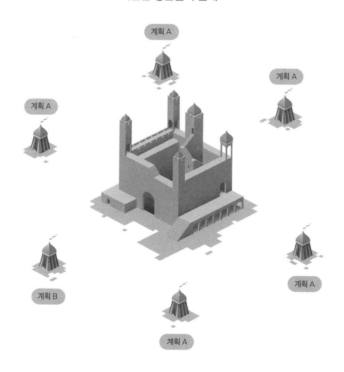

*"비잔틴제국의 부대가 적군의 도시 주위에 진을 치고 있다. 각 군대를 통솔하는 장군들은 전달 병을 통해서만 교신할 수 있어 공동의 공격 계획을 세워야 한다. 교신 상에 조금이라도 문제가 생기면 계획은 실패로 돌아간다. 그런데 장군 중에 교신체계를 교란시키는 배신자가 있다는 정황이 포착됐다. 충직한 장군들끼리 일심동체로 전투 계획을 실행할 수 있도록 하나의 규칙, 즉 알고리즘을 찾아내는 것이 문제다."

따라서 충직한 장군들이 한마음 한뜻으로 전투 계획을 실행할 수 있도록 이들을 결속시키는 알고리즘을 찾아내야 한다. 메시지를 작성하고 서명해(위조 불가능) 마음 놓고 교신을 주고받으며 서로의 의견을 안전하게 공유할 수 있는 굳건한 신뢰 체계를 구축해야 하는 것이다. 바로 이러한 연유에서 작업증명이라는 공동의 합의가 필요하다.

블록체인 기술은 '비잔틴 장군들의 문제'에 대한 최초의 해결책이요, 어쩌면 유일한 해결책일지도 모른다. 인류 역사상 처음으로 공개성과 보안성이 동시에 확보된 거래 장부를 갖게 된 셈이다.

### 위베르 드 보플란Hubert de Vauplane 변호사의 분석[1]

"블록체인은 네트워크에 있는 낯선 두 사람을 (이론상 완벽히) 신뢰할 수 있는 관계로 엮어준다. 어떻게 그럴 수 있을까? '비잔틴 장군들의 문제'로도 불리는 연산문제를 해결한 덕분이다. 협력 관계의 구성원 사이에서 공동의 약속을 위배하거나 불순한 의도를 품은 자를 식별하고 그런 사태가 발생할 시에 대비한 자구책을 마련한 것이다.

예컨대 악의를 가진 소수가 날조된 허위 정보를 퍼뜨려 이중지불(double-spending) (가상화폐를 불법 복제하여 무단으로 반복 사용하는 사기 행위) 검열 체계를 피해가지 못하게 함으로써 시스템 전체의 신뢰가 굳건

---

1    출처: 프랑스 금융 전문 인터넷신문 〈핀이어(Finyear)〉에 실린 위베르 드 보플란 변호사의 칼럼. 위베르 드 보플란은 변호사로서 유럽 집행위원회 (European Commission) 및 유럽 중앙 은행 (European Central Bank)의 은행법 교수이며, 또한 금융 시장 법률위원회, 파리 Europlace, P.R.I.M.E와 같은 다양한 싱크 탱크의 구성원이다.

히 유지되도록 설계되었다. 이를 위해 모든 증거 자료를 한 군데 몰아넣지 않고 분산 저장하며 철저히 암호로 보호한다. 가상화폐 '채굴자'에게 고도의 연산능력이 요구되는 것도 바로 이 암호를 풀어야 하기 때문이다.

채굴자들은 연산능력을 제공해 네트워크에 분산된 데이터베이스(비트코인의 경우 거래 내역)를 최신으로 업데이트하는 일종의 네트워크 대리인 역할을 한다. 데이터 암호를 해독하는 방식(전통적 암호해독 방식)으로 데이터베이스를 업데이트하여 신규 '블록'의 합법성 여부를 검증한다. 따라서 채굴자 수가 늘어날수록 암호 풀기가 어렵다는 얘기다.

그런데 네트워크에 있는 각각의 노드(네트워크 참여자)에서 채굴 경쟁이 극도로 치열해져 너도나도 채굴에 참여할 경우 암호 프로토콜에 대한 접근이 차단될 수도 있다. 다시 말해 채굴자 수는 항상 소수로 유지돼야 한다는 뜻이다.

///////////////

### ㉢ '비잔틴 장애 허용' 또는 '비잔틴 장군의 합의 알고리즘'

합의 프로토콜의 일종인 '비잔틴 장애허용(BFT)' 알고리즘은 어떤 장치가 임의의 장애요인에 견디도록 설계하는 데 목적이 있다. 시스템 구성요소 중 하나에 결함이 발생할 경우, 시간이 경과할수록 기능이 약화될 수는 있지만 전체 시스템은 멈추지 않고 계속 작동하게 해준다.

인류 역사상 '비잔틴 장애허용 알고리즘'을 최초로 개발한 것은 냉전시대의 군대들이었다. 그물처럼 촘촘히 얽힌 교신망에서 연락 두절을 방지하기 위한 대비책으로 사용했다. 컴퓨터 기술 방면에서 비잔틴 장애허용 알고리즘은 블록체인 기술을 통해 개발된 것이 아니라 그보다 전인 1970년대에 등장했다. 컴퓨터의 각종 프로세서, 네트워크 내 여러 컴퓨터, 생산라인의 로봇들, 블록체인의 노드(블록 보유 유무와 무관함) 등에서 임의로 발생하는 '비잔틴 장군들의 문제'를 해결하고자 개발되었다.

블록체인을 위시한 '분산합의 프로토콜' 기반 '분산 컴퓨팅' 환경에서는 구성원 합의도출 알고리즘의 일종인 팩서스[1]와 텐더민트(블록체인 인터넷) 등이 비잔틴 장애허용 알고리즘으로 사용되고 있다. 일종의 분산합의 형 알고리즘으로서 오작동과 장애에 취약한 노드들의 결점을 일부 수용해 시스템 안정을 도모하는 방편으로 활용되고 있다.

### 텐더민트 합의 알고리즘 제작자의 해석

"블록체인 기술은 P2P 네트워크와 암호화 인증 방식에 비중을 둔다는 면에서 기존 '비잔틴 장애허용(BFT) 알고리즘'의 현대판으로 평가된다. 블록체인이란 명칭은 '거래 블록의 연속체'에서 따온 것으로 각 블록은 이전 블록의 '해시 암호'를 담고 있으며 일련의 블록이 사슬처럼 연결돼 있다. 실제로 블록체인의 '데이터 구조'는 비잔틴 장애허용 알고리즘을 가장 효과적으로 활용한 사례이기도 하다."

---

1 팩서스(paxos)는 시스템 참여자 간의 합의를 이끌어내는 알고리즘으로서 2단계의 메시지 전달 시스템으로 구성된다

⑨비트코인 : 채굴자와 보상 체계(채굴 수익= 코인 당 거래수수료)

이론상으로는 누구나 채굴자가 될 수 있다. 블록체인의 당초 취지도 그랬다. 하지만 실상은 좀 다르다. 채굴자 증가로 연산문제가 극도로 어려워지고 이로 인해 전력 소모가 급증하자 채굴자들은 전기료가(거의) 헐값인 지역을 찾아 나섰다.

'비트코인 블록체인'은 블록 당 저장 가능한 용량이 1MB(평균 블록 거래량 600~700KB), 즉 '1천 건 거래'로 제한된다. 초당 7여 건의 거래가 저장되는 셈이다. 10분마다 거래내역을 승인해 블록 1개를 생성하므로, 채굴자는 블록 1개를 검증하는 대가로 10분마다 25개의 비트코인을 취득한다.

비트코인 블록체인이 첫 선을 보인 2009년 1월만 해도 블록 1개당 채굴 수익이 50비트코인(BTC)이었다. 그러다 (4년 만에) 21만 블록이 생성되면서 요즘엔 블록당 25비트코인으로 반 토막이 났다. 이대로 가면 2017년에는 12.5 BTC, 2021년에는 6.75 BTC 선으로 급감이다. 거래가 급증할 경우 채굴 수익은 더욱 큰 폭으로 떨어질 것이다.

요즘엔 인기 있는 소수의 채굴 풀Mining pool, 즉 Ghash. io/ AntPool/ BW.COM/ F2Pool…등이 비트코인 채굴시장을 독점하는 추세다. 비트코인 블록 탐색기인 'blockchain.info'에 게시된 '마이닝 풀 통계'를 보면 최신 블록을 채굴한 채굴 풀 명단을 확인할 수 있다(수치는 %로 표시된다).

## | 관련사례 |

## *51% 공격

「소수의 개인이나 집단이 채굴에 필요한 연산작업의 절반 이상을 장악하면 이른바 '51% 공격'
위험이 발생한다. 고의로 거래를 거절, 승인하고 이중 지불(Double spending)[1]로 유도하여 거래 장
부를 조작할 우려가 있기 때문이다. 그래서 (예컨대 비트코인 블록체인에서) 네트워크에 연결
된 노드들은 서로의 장부기록에 차이가 날 경우, 작업증명을 통해 참여자의 인정을 가장 많
이 받은 기록, 즉 '다수결의 원리'에 입각해 최다 지지를 받은 기록을 '참'으로 인정한다. 따라
서 실제로 51% 공격이 발생해도 네트워크에서 신속히 포착(반응)할 가능성이 크다. 사실 채
굴을 위한 연산 작업의 대부분을 소수의 풀(AntPool, F2Pool, BTCC Pool, Bit Fury)이 독식하
고 있는 실정이다. 이들이 담합하면 51% 공격이 현실화될 수 있다. 하지만 해킹을 통해 거래를
조작할 경우, 자신들이 보유한 엄청난 양의 비트코인이 시세 폭락을 맞게 되므로 섣불리 실
행에 옮기지는 않는다. 그래도 방심은 금물이다. 블록체인 해킹에 능숙한 암호전문가들이 갈
수록 늘어나고, 여러 풀을 동시에 해킹할 수 있는 채굴 집단이 나타나 공격을 감행할 가능성
이 있기 때문이다. 51% 공격은 정부나 대형기관(은행, 악의성 헤지펀드 등)이 아니면 감히 엄두
도 못 낸다. 연산 작업에 드는 비용이며 에너지 소비량이 실로 어마어마하기 때문이다. 2016년
2월 비트코인 채굴을 대행하는 '클라우드 마이닝' 업체들이 채굴한 용량, 즉 해시 값은 총
120만 테라 해시(Tera Hash)[2] 였다. 1 테라 해시를 채굴하는 데 대략 4천 달러가 들어가니까
못해도 48억 달러가 투입됐다는 말이다. 결국 51% 공격과 관련해 네트워크 보안 문제는 염
려하지 않아도 되지만, 과도한 채굴 비용은 속히 해결해야 할 과제로 남아있다.」

---

**1**   비트코인 사용자가 사기를 당해 두 명의 상대방에게 동시에 비트코인을 지불하는 경우를 일컬어 이중지불이
라 한다. 블록체인에서는 채굴과 네트워크 내 합의 도출을 통해 두 개의 거래 가운데 어떤 것이 참인지 검증한다.
(전문용어 참조: http://www.blockchaindailynews.com/glossary/)
**2**   채굴자의 1초당 연산능력을 Hash/s [킬로 해시(Kilo Hash)/ 메가 해시(Mega Hash) / 기가 해시(Giga Hash) /
테라 해시(Terra Has)로 표기한다. 테라는 1조를 뜻하는 접두어다.

## ⑩ 블록체인의 익명성

### ㉠ 익명성에 관한 오해로 제기된 문제들

비트코인의 익명성을 놓고 비판 여론이 자주 제기되고 있다. 물론 중앙기관의 통제, 관리를 받지 않고 각자 개인 컴퓨터에 거래 정보를 분산 저장하는 전자화폐 또는 디지털 화폐를 보유할 수 있다는 사실에 매력과 흥미를 느끼는 사람도 많다. 그런데 윤리적으로 옳고 그름의 문제는 열외로 하더라도, 익명성으로 인해 온갖 불법 거래의 온상이 되지 않을까 하는 우려가 커서 비트코인 도입에 걸림돌이 되고 있다.

하지만 기술적인 관점에서 고찰해보면 익명성 때문에 불안해하지 않아도 됨을 깨닫게 된다. 문제 삼을 정도는 아니라는 뜻이다. 오히려 장점이 많다. 무엇보다 비트코인 지갑을 개설하거나 거래 정보를 전송할 때 개인정보를 알려줄 필요가 없다. 또 정보가 투명하게 공개되므로 누구나 블록체인 네트워크에서 거래 내역을 열람할 수 있다. 일례로 블록체인 모니터링 서비스 http://www.blockchain.info에서 배포하는 '블록체인 데이터 탐색기'를 설치하면 누구나 정보 조회가 가능하다.

한편 비트코인 주소에 개인 및 단체 관련 정보가 없어 익명이나 가명 거래를 조장한다는 지적이 있는데 이 또한 기우에 지나지 않는다. 비트코인 네트워크에서는 사용자의 신분이 노출되지 않고 가상의 암호로 보호되며, 이 암호도 사용자의 의사에 따라 얼마든지 변경할 수 있다. 거래가 발생하는 순간 암호화 및 서명 절차를 거쳐 거래 정보가 공개 네트워크에 분산, 전송된다. 그러면 사용자 전원이 거래의 합법성을 검증하여 앞서 수신자에게 전송되었던 비트코인을 수신자의 몫으로 인정한다.

반대로 비트코인 주소에 개인정보가 담긴다면 어떻게 될까. 블록체인 활동이력 정보만 조회하면 사용자의 블록체인 활동 이력을 샅샅이 추적할 수 있게 된다. 익명성의 권리가 침해되어 개개인의 블록체인 거래내역이 낱낱이 노출되는 것이다.

게다가 상대방이 공개 데이터를 통해 내 개인정보를 수집해 내 비트코인 지갑을 몰래 팔아넘기려 할 수도 있다. 상대방이 개인이 아니라 기관(은행, 정부, 사회단체 등)이라면 그야말로 최악이다. 내 개인정보도 파악했고 고도의 정보처리기술도 있으니 개인정보와 블록체인 기록을 연결시켜 악용할지도 모른다. 가령 인터넷에서 비트코인으로 운동화를 구매하기 위해 판매자에게 개인정보를 제공하면 판매자는 이 정보를 이용해 구매자의 거래내역을 추적할 소지가 있다. 이를테면 차량 렌트나 호텔 룸 예약을 몇 번 했는지 등의 기록을 조회할 수 있다(물론 상대방 판매자인 렌터카 업체와 호텔의 비트코인 정보도 알아야 한다). 신용카드 회사도 개인별 카드 이용내역을 보관하고 있으므로 운동화 한 켤레 사고서 판매자에게 내 카드 이용내역까지 고스란히 공유하고 싶은 사람이 있을까 .

이러한 다수의 오해와 억측 탓에 비트코인의 익명성이 마치 심각한 문제라도 되는 양 부풀려 보도되고 있으므로 전문가들은 블록체인이 본연의 익명성을 회복하고 진정한 의미의 익명 시스템으로 거듭날 수

비파괴적 신뢰혁명 기술 블록체인

있도록 대책을 구상 하고 있다.

비트코인은 기존 금융계에서 시행하는 고객파악제도(Know-Your-Customer Rule 전문성이 부족한 금융 고객을 보호한다는 명목으로 고객 정보를 사전 수집하는 제도)를 준수하지 않는다. 따라서 누구든지 개인정보를 노출하지 않고 원하는 만큼의 비트코인 지갑을 개설할 수 있다. 하지만 실상은 달라서, 블록체인의 특성 중 하나인 추적가능성으로 인해 익명성(또는 유사 익명성)이 100% 확보된다고 하기 어려운 실정이다.

## ⓛ 추적가능성traceability과 투명성transparency

따라서 현존하는 암호화폐는 대부분 블록체인상의 거래를 투명하게 공개한다. 극소수만 익명으로 비공개 거래를 한다. 대표적으로 대시[1] 코인을 들 수 있다. 대시 코인은 '비트코인에 적용되는 '작업증명 합의 알고리즘'보다 '지분증명proof of stake 합의 알고리즘'이 더 적합하다는 판단 하에 '클라이언트-서버 아키텍처'를 채택한다. 대시 네트워크에는 일반 서버와 다른 서브넷subnet 형태의 마스터노드masternode가 연동되어 있다. 마스터노드는 거래 속도를 높여 순식간에 거래를 처리하며 다크센드darksend라는 익명거래 기능을 통해 거래 기록을 숨겨준다. 마스터노드

---

1 　대시(Dash)는 2012년 에반 더필드(Evan Duffield)가 고안한 암호화폐로 2014년 1월 18일 대중에 공개됐다. 2015년 3월 25일 원 명칭인 다크코인(dark coin)에서 대시로 변경했다. 대시는 디지털(digital)과 현금(cash)의 합성어로 '디지털 현금'을 뜻한다.

에 전송된 코인 액수까지도 공개하지 않겠다는 것이 '대시 코인'의 기본 취지다. 그럼에도 비트코인에 비해 익명성이 강화된 건 맞지만 완벽히 보장되는 건 아니다.

암호화폐 제로코인Zerocoin과 그 프로토콜인 제로캐시 프로젝트도 비트코인에 부족한 익명성을 보강할 목적으로 고안됐다. 나아가 비트코인을 제로코인 네트워크로 전송하면 제로캐시 프로젝트에서 비트코인을 익명으로 전환할 수 있다는 아이디어가 나왔고, 이를 발전시켜 제로코인의 후속판 제트캐시Z-cash가 개발됐다. 제트캐시는 거래의 투명성을 기본으로 하되, 블랙박스 형태의 비공개 코인 믹서에 사용자들의 코인을 넣고 뒤섞어 익명으로 전환해준다. 일종의 비트코인 세탁 서비스이며 '제로-지식 증명(zero-knowledge proof 정보를 보여주지 않는 비공개 증명-역주)' 방식의 암호 프로토콜을 기반으로 한다.

ⓒ **모네로**Monero

현재까지의 가상(암호)화폐 가운데 익명성이 가장 확실하게 보장되는 것은 단연 모네로다. 모네로(에스페란토어로 '화폐'란 뜻)는 크게 두 가지 특징이 있다.

- 거래 과정을 공개, 노출하지 않고 화폐 교환이 가능하다.
- 전략적 모호성을 표방하므로 화폐 사용 정보의 추적이 불가능하다.

모네로는 원-타임 키one-time keys와 '*링 시그너처ring signature'를 결합한 서명 프로토콜을 기반으로 강력한 익명 처리 기술을 구현하고 있

비파괴적 신뢰혁명 기술 블록체인

다. 이 프로토콜은 일회용 키를 생성하여 사용자 식별을 차단함으로써 거래정보를 철저히 보안한다.

블록체인은 모네로 거래가 시작되면 사용자 식별이 안 되도록 '링'이라는 일정 그룹에 속한 거래들을 뒤섞어버리고 링 내부의 모든 거래에 '이미지 키'라는 '합동 디지털 서명'을 발급한다. 따라서 이미지 키만으로 송금인을 추정할 수가 없다. 이중지불에 악용될 위험도 전혀 없다.

이미지 키는 수신자 측에서 '뷰키view-key'라고 하는데 역시 뷰키만으로는 수신자를 식별할 수가 없다. 거래 내역이 수신자의 공개키가 아니라, 딱 한번 사용 가능한 '일회용 주소'로 전송되기 때문이다. 그러므로 정확한 뷰키를 부여받은 수신자만이 자신에게 전달된 거래내역을 확인할 수 있다. 이렇듯 모네로에서는 거래의 공개가 금지되고, 익명성이 완벽하게 보장되며, 거래 추적이 불가능하다. 아울러 다음번 업데이트 때까지 총 거래액을 비공개하는 기능도 있다.

바야흐로 블록체인 기술에 힘입어 화폐의 변화 움직임이 더디지만 뚜렷이 감지되고 있다.

이 변화에 맞서 어떠한 규제 장치가 발동할지에 주목해야 할 때다. 2009년 이후로 비트코인을 도입한 나라들이 꽤 늘어났지만, 관련 법안을 제정해 시행하는 경우는 없었다. 모네로와 같은 가상화폐가 맹위를

---

\* 링 시그너처(서명)는 키가 있는 사용자 그룹의 구성원끼리 할 수 있다. 따라서 링 서명으로 서명 된 메시지는 특정 그룹의 사용자가 보증한다. 링 서명의 보안 속성 중 하나는 그룹 구성원의 키 중 어느 것이 서명에 사용되었는지 확인하는 것이 계산상으로 불가능하다. 링 서명은 서명 알고리즘이 링형 구조에서 유래했다.[출처:Wiki pedia]

떨치며 세계적으로 확산되면 어떻게 될까? 현재 유통 중인 모네로의 시가 총액이 1억 달러를 넘어섰다. 세계 경제의 큰 흐름으로 보면 물 한 방울에 불과하지만 2016년 봄 마이크로소프트의 '클라우드기반 블록체인 서비스'인 BaaS(Blockchain-as-a-service)에 이 모네로가 편입된 사실을 알면 누구라도 솔깃해질 것이다.

한편 모네로도 비트코인처럼 시스템 내부에 한해서만 익명성이 보장된다. 세상에 화폐가 모네로밖에 없다면 모든 거래가 익명으로 처리되겠지만, 기존의 모네로 사용자가 익명성 보장이 안 되는 타 가상화폐(암호화폐)로 갈아타면 어떻게 될까. 개인정보의 보안 수준도 덩달아 하향될 것이다. 그러므로 일반 가상화폐를 모네로로, 모네로를 가상화폐로 교환(가상화폐⇄모네로)하는 일은 삼가는 편이 좋다. 영원히 익명으로 거래하고 싶다면 말이다.

이와 같은 이유로, 누군가 불순한 의도를 갖고 불법자금 세탁에 가상화폐를 악용하려 해도 실행 전에 한 번 더 고민이 될 수밖에 없다. 설령 그런 악행을 저지르더라도 분명 노심초사하여 잠을 한 숨도 못 이룰 것이다. 뒤늦게 가상화폐를 달러로 교환해 달러 계좌로 전송하려 해도 소용없다. 아무리 적은 금액일지라도 세계 어딘가의 서버에는 반드시 흔적이 남게 마련이다.

# 블록체인의 진화, 확장성

확장성이란 컴퓨터 시스템이 작업량 변화에 유연하게 대응하는 능력, 특히 작업량이 대폭 증가할 시에도 원래 기능 및 성능을 유지하는 능력을 말한다. '기존의' 일부 블록체인은 작업수행에 필요한 기술·경제·전력 자원이 폭발적으로 증가하면서 확장성 문제 해결에 집중하고 있다. 일례로 '비어체인beAchain'은 특수한 합의/인증 프로토콜을 구축한 결과 확장성 100%에 도달했다.

비트코인 블록체인의 확장성은 어떻게 진화하고 있을까?

비트코인 블록체인은 우수한 성능을 입증하고 세계적으로 광범위하게 이용되고 있는 만큼 탄탄한 기술력을 자랑한다. 그럼에도 날로 사용량이 증가하고 용도가 다변화될 텐데 대비책이 있을까? 소액결제 요청이 빈발해도 시스템 장애 없이 처리할 방안은 있을까? 거래량이 쇄도할 경우 응답시간을 단축할 묘안은? 기존 신용카드처럼 결제 요청을 신속히 처리할 수 있을까?

이와 같은 의문점, 즉 문제에 대해 지금까지 다섯 가지 해결책이 나와 있다.

- 대안화폐(알트코인alt-coin) 개발
- 거래 블록 용량 증대
- 사이드(부수적) 체인side chain 구축

- 라이트닝 네트워크Lightning Network 구축

  * 비트코인의 느린 속도와 높은 전송 수수료를 해결해 주는 솔루션이다.

- 블록체인 데이터베이스 또는 사이드 데이터베이스 개발

① 대안화폐(=알트코인)

대안화폐는 비트코인을 제외한 모든 암호화폐[1]를 말한다. 현재 700종 이상의 암호화폐가 있다. 자체적으로 블록체인을 보유한 것들도 있고, 비트코인이나 이더리움의 블록체인을 사용하기도 한다. 저마다 특화된 서비스와 기능을 제공하고 있다.

2016년 12월 말 현재, 공식 집계된 암호화폐(가상화폐)는 모두 708종이다.

다음은 2016년 12월 9일 기준, 시가 총액 10위권의 암호화폐와 유로화 시가이다. (출처 CoinMarketCap)

| | 명칭 | 기호 | 시가 총액 (유로) | 시가 (유로) |
|---|---|---|---|---|
| 1 | 비트코인(Bitcoin) | BTC | 11,641,663,699 | 726.12 |
| 2 | 이더리움(Ethereum) | ETH | 681,588,294 | 7.86 |
| 3 | 리플(Ripple) | XRP | 240,950,923 | 0.006694 |
| 4 | 라이트코인(Litecoin) | LTC | 170,257,496 | 3.49 |
| 5 | 모네로(Monero) | XMR | 100,669,561 | 7.45 |
| 6 | 이더리움 클래식(Ethereum Classic) | ETC | 65,912,772 | 0.760533 |
| 7 | 대시(Dash) | DASH | 57,435,907 | 8.27 |
| 8 | 스팀(Steem) | STEEM | 50,380,602 | 0.222937 |
| 9 | 어거(Augur) | REP | 34,324,776 | 3.12 |
| 10 | 넴(NEM) | XEM | 27,572,820 | 0.003064 |

---

1 '암호화폐'란 블록체인 내에서 계좌 이체가 가능한 화폐를 말한다. 암호화 기술을 이용해 화폐 발행을 규제하고 거래를 승인한다는 점에서 디지털화폐(전자화폐)로 볼 수 있으며 가상화폐라고도 불린다.
'암호화폐(cryptocurrency)'는 중앙은행의 통제, 관리를 벗어나 사용되는 화폐를 말한다.

비파괴적 신뢰혁명 기술 블록체인

웹사이트 코인마켓캡CoinMarketCap.com을 방문하면 암호화폐 시장 현황을 확인할 수 있다. 암호화폐의 국제 거래량은 명목화폐(또는 정부 발행 화폐)에 비해 턱없이 미미한 수준이다.

| 관련사례 |

### *스웨덴, 디지털화폐 e-크로나(e-Krona) 시범 도입

「유럽 최초로 은행에서 지폐가 발행된 것은 17세기 중반, 정확히 1658년 스톡홀름 은행을 통해서였다. 1668년 스톡홀름 은행이 파산하고 스웨덴 국립은행 '릭스방크'에서 조폐 업무를 이어받았다. 360년이 지난 현재, 릭스방크는 세계에서 가장 오래된 중앙은행답게 디지털 화폐 e-크로나의 시범 사용을 추진 중이다. 이 기간에 잠재적 문제를 예측, 분석해 2년 내 본격 도입할 방침이다. 실리아 스킹슬리 릭스방크 은행장은 영국 경제일간지 〈파이낸셜 타임스〉와의 인터뷰에서 "디지털화폐는 3백 년 전의 지폐만큼 혁명적이며, 스웨덴 통화정책과 금융안정에 크게 기여할 전망이다. 스웨덴 국민은 충전용 은행카드나 애플리케이션, 기타 편리한 수단을 통해 디지털화폐를 이용할 수 있게 된다"고 설명했다. 세계 중앙은행들은 요즘에서야 비트코인과 같은 디지털화폐의 잠재력에 주목하고 향후 해결할 문제를 진단하기 시작했지만, 스웨덴은 일찌감치 e-크로나를 도입해 '현금 없는 사회'를 향한 발걸음을 내디뎠다. 그렇다면 주관자인 릭스방크는 전자화폐의 기술적, 법적, 정치적 영향력을 어떻게 평가하고 있을까? 릭스방크의 설문조사 결과, 현금 결제를 일상화하는 스웨덴 국민이 15%에도 못 미치는 것으로 나타났다. 스웨덴 국내총생산(GDP)에서 현금 경제가 차지하는 비중도 2%에 불과하다. 1990년의 10%에서 뚝 떨어진 것이다. 현금 결제를 거부하는 기업도 늘고 있다. 심지어 버스 터미널에서 잡지를 파는 노숙자들도 신용카드로 거래할 정도다. 2014년 유럽 각국 국민의 결제 방식을 분석했더니 스웨덴은 5분의 4가 카드 결제였고 이탈리아는 4분의 1에 그쳤다. 반면에 남유럽 국민은 현금 결제를 선호했다. 이런 추세로 가면 스웨덴은 2030년 안으로 현금 없는 사회가 되고, 릭스방크는 가상화폐를 발행한 세계 최초의 중앙은행으로 발돋움할 것이다.」

## ② 암호화폐의 종류

현재 통용되는 암호화폐는 다음과 같다.

• 라이트코인Litecoin : 자본화비율 1억7000만 유로 이상, 시가총액 4위를 점하는 암호화폐

• 네임코인Namecoin : 블록체인 기술로 분산형 네트워크를 구축할 수 있음을 입증한 암호화폐다. 현행 도메인네임시스템DMS의 경우 사설기관인 인터넷주소관리기구ICANN에서 국제 도메인네임을 일괄 지정하고 있어 공정성 논란이 심심찮게 일고 있다. 네임코인은 도메인네임시스템의 대안으로, 인터넷에 연결된 모든 컴퓨터에서 네임코인을 받고 주소를 할당하는 시스템을 구축했다. 주소 할당 방식은 최초 신청자에 대한 선착순 교부를 원칙으로 하며, 비트코인의 기본 방침인 합의 프로토콜 원칙에 완벽히 부합하도록 설정돼 있다. 요컨대 네임코인은 도메인네임 등록 분야에서 가장 오랜 역사를 자랑하며 가장 성공적으로 활용되고 있는 암호화폐다.

• 원코인OneCoin : 완벽하게 투명한 거래를 표방하는 원코인은 암호화폐 역사상 최초로 유일하게 블록체인에 **고객파악 자료를 저장**하고 있다. 세계 최초의 상용 암호화폐를 향한 성장 전략에 힘입어 2년 만에 (2014-2016) 가장 주목받는 가상화폐로 발돋움했다. 각종 규제에 변함없는 안정적인 화폐를 고안하고 이용자 확대를 위한 유연한 생태계를 구축했다.

• 특수 경제공동체에 기반을 둔 암호화폐 : 팟코인(Potcoin, 합법적 대마초

비파괴적 신뢰혁명 기술 블록체인

거래용 디지털 화폐-역주), 마자코인(Mazacoin, 북미 원주민의 주권 회복과 빈곤문제 해결을 위해 고안된 화폐-역주) 등

• 기타 전도유망한 암호화폐 : 비트세어BitShares, 대시Dash(옛 다크코인), 블랙코인Blackcoin, 비아코인Viacoin, 최근의 제트캐시Zcash 등이 있다.

| 관련사례 |

**\*양심을 지키고 책임을 다하는 윤리적인 암호화폐 '컨스코인'**

「암호화폐의 윤리성을 놓고 논란이 첨예하지만, 옳고 그름과 선악을 자율적으로 변별하는 암호화폐 '컨스코인conscoin'이 있는 한 안심해도 좋다. 2015년 말 미국 워싱턴 조지타운 대학교 연구진은 윤리적 규범체계가 입력되어 있어 불법이용을 원천 차단하는 '인공지능형 암호화폐'를 고안하자는 논문을 발표했다. 연구진은 비트코인 등의 암호화폐가 세계인의 자율적인 경제활동에 새로운 지평을 연 것은 사실이지만, 각종 범죄행위를 조장해 개인 및 단체에 막대한 피해를 줄 소지가 있다고 지적했다. 이에 맞서 암호화폐 지지층은 암호화폐에만 유독 엄격하고 전과 다른 윤리 기준을 적용할 필요는 없다고 반론했다. 화폐는 본질적으로 도덕성이 없고 사람들에 의해 기능을 발휘하는 수동성의 도구로 인식돼왔다고 하면서, 선의에서든 악의에서든 누군가에 의해 사용될 수밖에 없다고 주장했다.

연구진은 이러한 화폐의 가치중립성에 반박했다. 인공지능과 암호화 기술, 윤리적 로봇 등이 눈부시게 발전하는 이 시대에 인공지능형 암호화폐를 수용하지 못할 이유가 없다고 했다. 도덕적 중립을 취하는 암호화폐가 아니라, 사회와 구성원이 추구하는 윤리적 가치를 반영해 자율 제어하는 암호화폐가 필요함을 강조했다. 그러려면 암호화폐 도입을 위한 기술 인력을 적재적소에 배치하고 암호화폐의 법적, 윤리적, 경제적 파급 효과를 분석해야 한다고 제안했다. 암호화폐가 화폐적 가치뿐 아니라 윤리적 가치도 고루 포용한 채로 성장해야, 수용자들도 소속 사회의 윤리와 가치에 긍정적 영향을 주는 경제 수단으로 활용할 수 있다. 이처럼 자율적인 윤리 판단이 가능한 암호화폐에는 크게 두 가지 특징이 있다.

첫째, 인공지능을 통해 화폐 사용 환경을 감시하고 화폐 정보를 습득, 분석하며 자체 탑재된 윤리 규범체계의 지시를 받아 사용 여부를 자율적으로 결정한다.

둘째, 일반 암호화폐처럼 통용되어 교환가치와 보관가치가 동시에 인정된다. 블록체인 기술+인공지능 결합형 암호화폐는 금융거래에 대한 검열 기능을 제공함에 따라 소유자는 의심되는 거래에 대한 사용 여부를 결정하기가 종전보다 훨씬 쉬워진다. 내장된 인공지능 소프트웨어는 거래의 합법성을 판별할 때 단순히 금융 정보가 아니라 윤리적 측면을 파악, 분석해 최종 결론을 내린다. 우리는 이러한 혁신의 결과로 '스마트 데이터' 세상보다 한층 더 스마트한 '사피엔트 데이터sapient data' 세상으로 진입할 것이다. 그리하여 암호화폐는 소유자의 도덕적 판단 기준과 화폐의 윤리적 가치에 완벽히 '부합하는' 암호화폐로 거듭날 것이다. 그러니 모두가 눈여겨보고 심사숙고할 필요가 있다.」

### ③ 컬러드 코인(비트코인의 파생 암호화폐)

'컬러드 코인Colored Coin'은 유통 중인 비트코인에 '색깔을 입히고' 특정 기능을 부여해 원래 비트코인의 가치를 변화시키는 역할을 한다.

이른바 오픈소스 형태의 '비트코인 프로토콜 2.0'으로 불리며 다음의 두 가지 시스템으로 작동한다.

- 기존에 알려진 방식의 비트코인 시스템
- 비트코인 프로토콜을 따르지만 작동 방식은 자율적인 네트워크 시스템

이렇듯 이중 구조인 까닭에 '비트코인 네트워크'와 데이터를 서로 교환할 수 있다. 그래서 '프로토콜 중의 프로토콜'로도 불린다. 비트코인의 대체 암호화폐 또는 파생상품으로 사용 가능하며, 비트코인 네트워

크 기반을 활용하므로 지적재산권에 대한 의무와 책임이 따른다.

따라서 '컬러드 코인'을 이용하면 특정 공동체의 요구에 맞는 독립형이나 분산형 사회보장기금을 조성하는 데 상당히 유리할 것으로 기대된다.

### ④ 카운터파티(비트코인의 파생 암호화폐)

카운터파티Counterparty는 비트코인 블록체인을 토대로 설계된 '블록체인 플랫폼·전자지갑'으로 토큰화(tokenization, 일종의 거래 증표로서 지급결제 수단으로 변환하는 것–역주) 방식으로 디지털 자산, 즉 자체 화폐 XCP를 발행한다. XCP는 자산 거래나 디지털계약서 발급에 사용되고 분할 및 프로그래밍이 가능하며 '스마트 콘트랙트' 발급 시 한 주소에서 다른 주소로 전송된다. 카운터파티는 넓게 보면 비트코인 블록체인 기반을 활용하는 '이더리움 플랫폼'(스마트 콘트랙트에 특화된 블록체인 플랫폼–역주)이라 할 수 있다.

### ⑤ 비트코인 네트워크 블록용량 확대

현재(2017년 초) 비트코인 네트워크는 하루 16만여 건의 거래를 처리하고 있다. 블록 전체 용량의 50%인 0.5MB가 사용되었으며 빠른 속도로 용량 한계에 도달하고 있다. 아울러 모든 거래는 수수료 없이 승인되고 있다. 이 속도라면 내년쯤 제한용량 1MB에 육박한다. 채굴 수수료 경쟁이 심화되면 수수료가 없거나 미미한 거래는 채굴과 승인이 안 될 가능성이 크다.

이 예측이 맞을 경우, 문제는 높은 수수료 거래(수수료만 높고 총 거래액 대비 비율은 미약한 거래)에만 채굴자가 몰리게 됨으로써 채굴에 대한 보상 위주로 네트워크가 재편될 수 있다는 점이다.

그렇게 되면 전보다 더 심각한(제2의) 중앙집중화를 초래하고 네트워크 성능이 저하될 수도 있는데 방지책은 없는 걸까?

## 피에르 누아자Pierre Noizat 의 분석

유럽 최초 비트코인 거래소 페이미엄Paymium을 설립한 피에르 누아자는 블록 용량 문제에 대한 해결책을 다음과 같이 제시했다. "개빈 안데르센[1]이 제안했듯이 비교적 적용하기 쉽고 현실적인 해법이 있다. 블록체인의 현재 사용량을 체크포인트로 확인하는 방법이다. 체크포인트란 사용자의 전자 지갑에 '특정 값'의 암호로 저장되는 블록 일련번호로 채굴자는 체크포인트를 이용해 블록체인 내 사용자 거래 이력을 열람할 수 있다.

가령 2년 전까지 소급해 과거 승인 거래 이력을 면밀히 확인함으로써 블록에 대한 합의를 도출할 수 있다. 51% 공격으로 인해 블록체인 구조가 재편되더라도 이 합의 시스템에는 장애 발생의 우려가 전혀 없다."

그럼에도 의지와 실행 사이에는 좁히기 힘든 간극이 남아있다. 비트코인 블록체인에 '정통한 기존 전문가들'의 프로토콜 개정 반대에 부딪

---

1 개빈 안데르센(Gavin Andresen)은 비트코인 재단(Fondation Bitcoin)의 수석개발자로 비트코인 클라이언트에 비상경보를 발령할 수 있는 암호 키를 갖고 있다.

혀 블록 용량 확대가 해결되지 않고 있다.

## ⑥ 사이드 체인side chain

비트코인의 대안으로 등장한 알트코인은 보안성과 지속성 면에서 전혀 문제가 없는 걸까? 계속되는 공방 속에 근본 문제가 '비트코인 블록체인'에 있다는 주장이 제기되고 있다.

우선 기술적으로는 시스템 간의 쌍방향 교류 방식에 가장 큰 문제가 있다. 다시 말해 기존 블록체인 네트워크와 '알트코인 블록체인 네트워크'의 호환 방식이 취약하다. 두 네트워크는 원래 별개의 기능을 하도록 분리 설계됐으나 기존 업계의 인프라 기술을 공동으로 이용해 작동하게 됐다. 이런 까닭에 앞으로 '어떻게 거래 장부를 호환할 것인지'가 관건이다.

이를 최초로 쟁점화한 것은 해시캐시[1](작업증명 알고리즘) 개발자이자 블록스트림Blockstream[2]의 공동 창업자인 애덤 백Adam Back[3]이다.

애덤 백은 비트코인 블록체인의 발전이 상당히 더딘 이유로 작업증명에 대한 합의도출 절차가 너무 복잡하다는 점, 관리체계가 위계적이지 못하다는 점을 꼽은 바 있다. 실상도 그렇다. 참여자 통제가 불가능한 분산형 구조에 따른 문제들이 반복적으로 나타나고 있는 것이다.

---

1 1997년 애덤 백은 1993년 신시아 드워크(Cynthia Dwork)와 모니 나오르(Moni Naor)의 논문 〈프로세싱을 통한 가격결정 또는 정크메일 퇴치〉에 착안해 작업증명 시스템 해시캐시(HashCash)를 개발했다.
2 블록스트림(Blockstream)은 비트코인 소액 결제시스템을 개발하는 업체로 인공위성을 이용한 비트코인 거래 현황을 업계 최초로 실시간 서비스하는 것을 준비한다.
3 애덤 백은 영국계 암호 작성자이며 해커다. 블로그 스팸 퇴치 및 사용자 개인정보 침해 방지를 위한 각종 프로토콜, 이른바 안티스팸시스템에 사용되는 작업증명 알고리즘 해시캐시hashcash를 발명했다. 현재 블록스트림(Blockstream)의 CEO로 비트코인 및 블록체인 기술 발전에 매진 중이다.

애덤 백과 연구진은 다수의 블록체인을 연계하는 '사이드 체인' 시스템을 구축하고 2014년 백서를 발표함으로써 해법을 제시한 바 있다.[4]

따라서 사이드체인 시스템을 이용하면 예컨대 블록체인 A에서 블록체인 B로 암호화폐를 전송할 수 있다. 블록체인 A에서 사라진 화폐가 B에서 나타났다가 A로 되돌아오는 것도 가능하다.

---

| 관련사례 |

**\*루트스탁과 인터레저**

「루트스탁Rootstock(기호 RSK, '뿌리와 줄기'란 뜻)은 이더리움(다음 장 참조)과 동일한 콘셉트의 플랫폼으로 비트코인 네트워크의 사이드 체인을 사용한다. 개발사는 아르헨티나 부에노스아이레스에 본사를 둔 동명의 스타트업 '루트스탁'이다. 스마트 콘트랙트에 특화된 P2P 방식의 오픈소스 플랫폼인 루트스탁은 디지털계약 솔루션을 통해 튜링 완전체(Turing-complet)[5] 기반의 스마트 콘트랙트를 실행하여 비트코인의 과중한 작업량을 분담한다. 비트코인 네트워크 기반을 활용하면서 이더리움과 유사한 기능을 하는 셈이다.

원칙상 개인 및 단체가 루트스탁으로 디지털계약을 실행할 경우 채굴대행 수수료의 80%는 채굴자에게 지급되고 나머지 20%는 루트스탁 연구소의 오픈소스 플랫폼 연구개발비로 투자된다.

설계자는 루드스탁을 이더리움의 경쟁 플랫폼이 아니라 이더리움 기반 애플리케이션과 호환되는 플랫폼으로 기획했고, 이로써 비트코인과 이더리움의 상호작용을 도모하는 것이

---

4    블록스트림에서 개발한 사이드체인 엘리먼트(Elements)/엘리먼트 프로젝트(The Elements Project) (https://elementsproject.org/sidechains/)에 가입하면 누구나 사이드체인을 만들 수 있다.

5    튜링 완전체(Turing-complet): 계산 가능한 모든 것을 계산할 수 있는 가상의 기계. 1936년 영국 수학자 앨런 튜링(Alan Turing)이 컴퓨터 알고리즘의 기본 개념을 확립하기 위해 고안한 것으로, 컴퓨터 기억장치의 핵심인 논리연산장치의 모형을 제공했다.

비파괴적 신뢰혁명 기술 블록체인

당초 목적이었다고 설명한다. 이를 위해 루트스탁 플랫폼에 쌍방교류 기능(2WP)을 탑재해 비트코인을 이더리움 등의 타 블록체인으로 이체하거나 역방향으로 이체하는 기능을 구현했다. 비트코인 생태계를 이루는 25개 이상 금융기업이 루트스탁 컨소시엄에 제휴하고 있다. 제휴사로는 콘실리움, 비트메인, 자포, 잭스, 스크라이, 비트고, 리치펀드, 비트페이, 앤트풀, 블록트레일, 비텍스, 디지털 커런시 그룹, BTCC, 우노코인, 비트소, 비트스탬프, 비트피넥스, 비트페이, 시그나투라, 윙스 등이 있다. 요컨대 루트스탁은 비트코인 고유의 가치를 보존하면서 한층 알차고 풍성한 기능을 더해줄 대규모 프로젝트라 할 수 있다. 한편 리플 랩스에서 개발한 인터레저Interledger는 블록체인 내 거래원장 간 지불 연계 프로토콜로서, 다양한 네트워크를 넘나들며 결제하고 에스크로(Escrow, 신용관계가 불확실할 쌍방 거래자에 대해 공신력 있는 제삼자가 거래를 보증하는 서비스-역주)를 통해 원장에서 원장으로 자금을 이체하는 기능을 제공한다. 한 가지 화폐만 교환되는 비트코인과 달리 다양한 화폐를 두루 교환할 수 있는 것이 장점이다.」

## ⑦ 라이트닝 네트워크[1]

비트코인 블록체인은 대규모(분산)원장의 관점에서는 발전 가능성이 크지만 '결제 플랫폼'의 관점에서는 글로벌 상거래를 아우르기에 미흡한 실정이다.

우선 기본 구조 자체가 플랫폼 확장에 걸림돌이 되고 있다. 대규모 원장에 수많은 노드(참여자)가 분포하는 데다 각 노드는 세계 각지에서 속출하는 거래를 빠짐없이 파악해야 하는 탓에, 네트워크 응답시간이 현저히 지체될 수밖에 없는 구조적 문제를 안고 있다.

---

1 라이트닝 네트워크(Lightning Network)는 블록체인의 기본 기술인 비트코인 블록체인 트랜잭션에 고유의 스마트 계약 스크립트 언어를 결합해 고용량/고속 거래용 안전 네트워크와 즉각적 지불 시스템을 구축했다.

이에 대한 해법으로 비트코인 네트워크의 강점인 탈중앙화 특성과 보안성을 희생하지 않으면서 모든 거래를 동시 처리하는 병렬 시스템이 개발됐다. 블록스트림이 업계 리더들과 공동 개발한 비트코인 소액결제 시스템 '라이트닝 네트워크'다. 라이트닝 네트워크는 대량의 소액결제(1초당 거래건수를 기존의 7건에서 7천 건 이상으로 대폭 상향함)를 제로에 가까운 수수료로 '전광석화'처럼 처리한다. 2015년 2월 '초기 버전'에 이어 2016년 1월에 백서가 발표됐다.

현재 라이트닝 네트워크 기술을 개발 중인 비트코인 블록체인 기업은 4곳 정도가 있다.(출처 Bitcoin.fr)

① 라이트닝(라이트닝 네트워크 개발기업), 비트퓨리(라이트닝 네트워크는 비주력 분야, 라우팅 부분만 Line Corp. 과 협력)

② 블록스트림Blockstream

③ 블록체인 인포Blockchain.info

④ 아생크ACINQ

비트코인 사업자들이 비트코인의 밝은 미래를 위해 '의기투합'했으니 2017년부터는 라이트닝 네트워크 사업자들이 그 결실을 맺어야 할 것이다.

이 백서는 거래의 확장성을 위한 라이트닝 네트워크의 향후 시스템에 대한 알고리즘 솔루션을 설명하고 예비 테스트하는 최초의 시도이다.

비파괴적 신뢰혁명 기술 블록체인

### 아생크 공동창업자 피에르-마리 파디우의 설명

2016년 9월 프랑스계 비트코인 스타트업 아생크는 자체 개발한 라이트닝 네트워크솔루션 '에클레르'에 비트퓨리의 라우팅 알고리즘 '플레어Flare'를 결합하는 데 성공하고 2500개 서버 대상의 시험 가동을 완료했다고 발표했다. 라이트닝 네트워크의 라우팅 기술 발전을 향한 첫걸음이었다.

"아생크는 비트코인의 구조적 한계에 대한 해결책으로 라이트닝 네트워크 솔루션 '에클레르'를 선보였다. 블록체인의 한계는 블록용량 부족 문제가 이슈화되면서 다각적으로 지적된 바 있다. 특히 대량의 정보를 원활히 처리하지 못하는 것이 최대 난제로 꼽혔다.

아생크는 에클레르를 비트코인 네트워크 용량 확장의 분수령으로 기대하고 있다. 에클레르는 네트워크 성능 향상, 거래 비용 최소화, 즉각적인 거래 처리를 실현할 것이다. 상용화 솔루션 구축과 기술 문제 해결만 완료하면 된다. 솔루션 구축에 주력하는 기업들(블록스트림, 라이트닝, 블록체인, 아생크)은 완벽한 호환 솔루션을 위해 총력을 결집해야 할 때다."

| 관련사례 |

**\*비트퓨리[1] 의 라우팅 알고리즘 백서**

「미국계 블록체인 인프라기업 비트퓨리는 백서 〈플레어: 라이트닝 네트워크의 라우팅

---

1    비트퓨리Bitfury : 비트코인 채굴 전문기업으로 최근 범죄수사에 블록체인을 접목한 솔루션을 개발했다. 발레리 바빌로프(Valery Vavilov) 대표는 고급 분석 및 데이터 축적 기능을 통해 불법 거래와 혐의자를 탐지하는 솔루션이라고 밝혔다.

### ⑧ 블록체인 데이터베이스 '사이드 데이터베이스'

블록체인의 응답시간을 단축하기 위해 사이드체인이 개발됐듯이 데이터 전송/처리속도를 향상하는 데이터베이스도 출시됐다. 신조어로 '사이드 데이터베이스'라고 한다. 비트코인 블록체인이 사이드 데이터베이스 없이 계속 기존 데이터베이스만 사용하면 작업속도 면에서 다음과 같은 치명적 결과를 맞을 것이다.

• 스루풋[1]throughput(일정 시간 내 처리 속도), 즉 1초당 '거래처리량'이 현저히 감소한다.

• 거래 생성에서 등록까지 최소 10분이 소요된다.

• 1초당 거래처리량이 몇 십 기가바이트(GB)[2] 정도에 그친다.

---

1  전문용어 참조 : http://www.blockchaindailynews.com/glossary/
2  컴퓨터가 처리하는 정보의 기본 단위: 1 기가바이트(GB, gigabyte)는 10억 바이트(B, byte)

- 노드가 증가해도 시스템 확장이 불가하다. 가령 노드가 2배 증가해도 스루풋과 잠재적 처리능력, 작업속도 등이 개선되지 않아 네트워크 트래픽상에서 대기시간이 4배 이상 길어진다.
- 노드가 최대 1만개까지만 증가하고 그 이상에서는 처리속도가 급격히 감소한다.
- SQL(구조화 질의 언어, structured query language) 탑재 유무와 상관없이 조건검색 및 질의 등의 데이터 쿼리query가 불가능해진다.

그나마 '빅 체인 DB'라는 데이터베이스를 통해 블록체인 처리능력 향상을 위한 돌파구가 있어 보인다.

빅 체인 DB는 비트코인/이더리움/에리스 등과 호환되는 고확장성 데이터베이스로서 블록체인과 데이터 저장 시스템의 격차를 보완하는 가교 역할을 한다.

이외에도 NoSQL(No Structured Query Language 빅데이터 대량 처리용 비관계형 데이터베이스 시스템-역주)과 분산형 데이터베이스에 없는 다양한 기능을 제공한다. 그간 블록체인은 데이터베이스 확장성 한계로 시스템 과부하가 빈번히 발생했다. 작업 속도를 높여주는 빅 체인 DB를 도입하지 않을 이유가 없다. 맞춤형 시스템으로 프라이빗 블록체인(특정 기관에 특화된 블록체인-역주)과 퍼블릭 블록체인(공개성 및 분산성이 있는 블록체인-역주)에 두루 적합한 환경을 설정할 수도 있다.

지금까지 블록체인의 결점 보완과 성능 강화를 위해 개발된 솔루션들을 살펴봤다.

블록체인 기술은 며칠, 몇 주 간격으로 신규 기능과 성능이 속속 보강되는 등 빠른 속도로 발전하고 있다. 더불어 블록체인 세계도 끊임없이 변화 중이며 앞으로 꾸준히 진화할 것이다.

---

**1**   어스크라이브(Ascribe): 디지털 콘텐트 지식재산권 보호 전문 스타트업
**2**   리씽크DB(RethinkDB)https://www.rethinkdb.com/ 실시간 웹 푸시 알림 서비스로 개발된 최초의 오픈소스. 데이터를 실시간으로 애플리케이션에 푸시하는 확장형 데이터베이스.

**02**

# 이더리움 블록체인

이른바 '비트코인 2.0', '차세대 비트코인', '스테로이드 비트코인Bitcoin on Steroids'에 비유되는 이더리움Ethereum을 빼놓고 블록체인을 논할 수 있을까.

## 이더리움Ethereum 역사

이더리움은 2014년 러시아 태생의 캐나다인 비탈리크 부테린Vitalik Buterin이 창안했다. 부테린은 앞서 2011년 블록체인 기술과 비트코인 기반 각종 암호화폐를 발명하였고, 얼마 후 그의 잠재력을 알아본 사람들로부터 열광적 호응을 얻었다. 그해 9월 〈비트코인 매거진〉을 창간하고 2년 반 동안 관련 기술과 애플리케이션을 면밀히 검토한 끝에

2013년 11월 이더리움 백서를 발표했다.

부테린은 비트코인의 기반 기술인 블록체인이 향후에는 자금 이체를 넘어 더욱 다양하고 고급화된 기능을 수행할 것이라 예측했다. 그런데 비트코인 개발자 나카모토 사토시의 생각은 달랐다. 나카모토는 비트코인 블록체인을 단순히 금융거래 수단으로 여겨 기술 보완을 해도 화폐 이외의 대상은 전송할 수 없을 것이라며 기술상의 한계를 뒀다.

또 나카모토는 비트코인 블록체인이 SMTP 프로토콜(Simple Mail Transfer Protocol 단순 메일 전송 프로토콜)이라는 점을 강조했다. 단일 작업으로 자금 이체를 수행하기에는 우수한 프로토콜이지만 다양한 프로토콜의 구축 기반이 되기에는 미흡하다고 봤다.

이에 부테린은 무한대 애플리케이션을 지원하는 새로운 종류의 블록체인을 고안하기로 했고 그 결과물이 바로 이더리움이었다.

2014년 초 부테린은 이더리움 개발금 유치를 위해 이더ether[1]를 먼저 발행하고 1800만 달러 상당을 확보했다. 이후 2015년 7월 30일 이더리움 초기 버전 '프론티어Frontier'를 출시하고 연이어 '제네시스 블록[2]'을 개발했다.

현재 부테린은 이더리움 연구소를 진두지휘하며 이더리움 프로토콜 신규 버전 개발에 매진 중이다.

---

1   이더(Ether) : 이더리움 블록체인에서 통용되는 가상화폐
2   제네시스 블록(Genesis block): 블록체인에서 생성되는 최초의 블록

비파괴적 신뢰혁명 기술 블록체인

## 비탈리크 부테린의 분석

비탈리크 부테린은 백서에서 이더리움에 관해 다음과 같이 설명했다. "이더리움은 탈중앙화 앱(애플리케이션) 구축에 적합한 대안 프로토콜로 개발되었다. 광범위한 층의 분산형 앱을 설계할 때 요긴하게 활용할 수 있다. 무엇보다 신속한 앱 개발을 도와주고 기존의 소규모 앱에 부족한 보안성과 효율적인 상호 작용성을 갖춘 것이 강점으로 꼽힌다. 이더리움 서비스의 기반이자 근간이 되는 플랫폼인 블록체인에는 일체형 튜링[1]이 탑재된 프로그래밍 언어가 결합돼 있다. 블록체인을 이용해 스마트 콘트랙트[2]와 탈중앙화 앱을 구축하면 소유권 규약, 트랜잭션 포맷, 상태 다이어그램 State diagram 등을 설정할 수 있다. 프로토콜용 코드의 경우 네임코인 처럼 간단한 시스템은 두 줄로, 이외의 복잡한 장치·시스템은 스무 줄 이하로 기록된다."

///////////////

# 이더리움 역대 버전

## 2013년

- 11월 : 백서 발표

---

1  일체형 튜링(Turing-complet) 시스템은 영국 수학자 튜링이 고안한 튜링 기계(Turing machine)와 대등한 연산능력을 가진 컴퓨터/소프트웨어 시스템이다.
2  스마트 콘트랙트smart contract : 합의 조건을 자동으로 수행하는 소프트웨어 프로토콜.

2014년

- 2월 1일 : PoC 1 (PoC: 개념증명Proof of Concept, 신기술 도입 전 단계 검증. 기
술 검증을 위한 검증—역주)

- 2월 20일 : PoC 2

- 3월 1일 : PoC 3

- 4월 9일 : PoC 5

- 7월 22일 ~ 9월 2일 : 가상화폐 이더ether판매 개시

- 10월 5일 : PoC 6

2015년

- 1월 13일 : PoC 7

- 2월 24일 : PoC 8

- 5월 9일 : 올림픽Olympic

- 7월 30일 : 프론티어Frontier

2016년

- 2월 13일 : 블록 1백만 개 생성

- 3월 14일 : 홈스테드Homestead

- 프로젝트 : 메트로폴리스Metropolis

- 프로젝트 : 서레니티Serenity

- 프로젝트 : 이더리움 2.0

- 프로젝트 : 이더리움 3.0

비파괴적 신뢰혁명 기술 블록체인

# 정의

이더리움은 '비트코인 블록체인'을 모방해 만든 것으로 일체형 튜링 언어를 이용해 디지털 계약서를 생성하는 공개형 블록체인이다. 디지털 계약서는 계약서 검증 프로토콜을 토대로 제작되며, 블록체인 내 공개 배포되므로 사용자 모두가 확인할 수 있다.

## 이더리움 공식 사이트 Ethereum.org의 분석

이더리움 사이트에는 이더리움의 기본 개념을 다음과 같이 설명하고 있다. "이더리움은 스마트 콘트랙트를 실행하는 분산형 플랫폼이다. 스마트 콘트랙트란 작동정지(다운타임), 검열, 사기, 제3자 개입의 가능성을 배제하고 프로그래밍에 의해서만 작동하는 애플리케이션이다.

스마트 콘트랙트는 사용자 맞춤형으로 설계된 블록체인에서 실행된다. 블록체인은 전 세계 사용자들이 공유하는 초강력 인프라스트럭처로서 가치의 이전과 소유권 보호를 담당한다. 따라서 프로그래머는 거래시장 형성, 채무·변제 레지스트리 저장, 사전계약(거래예약 또는 선물계약) 관련 자금이체를 비롯해, 향후 도입될 가능성이 있는 각종 작업을 중개자의 개입이나 거래자에 대한 불신 없이 안전하게 실행할 수 있다.

이더리움 프로젝트가 본격 추진된 것은 2014년 8월, 전 세계 팬들의 성원에 힘입어 가상화폐'이더'의 사전예약 판매가 진행되면서였다. 이후로 스위스계 비영리단체 이더리움 재단을 위시한 세계 투자자들의 후원을 받고 있다.

/////////////

① 채굴mining

이더리움은 비트코인의 프로토콜을 채용했으니 채굴도 작업증명 방식(채굴한 작업만큼 증명)을 채택해야 맞다. 그래서 현재 버전 프론티어는 작업증명 방식이지만 다음 버전 이더리움2.0 부터는 지분증명[1]으로 바뀔 예정이다.

② 통화단위

이더리움은 '이더'라는 통화 단위를 결제 수단으로 사용한다. 거래 플랫폼에서 통용되는 기호는 'ETH'다. 이더는 시가 총액 10억 유로로 비트코인에 이어 분산형 암호화폐 2위를 점하고 있다.

③ 가상화폐 이더 구매하기

이더는 두 가지 방법으로 구매할 수 있다.

① 플랫폼에서 신용카드로 구매하기

② 비트코인 등의 암호화폐를 이더로 교환하기

첫 번째 방법은 빠르지만 비용이 많이 든다. 코인하우스Coinhouse 등의 플랫폼에서 이더를 직매한다. 계좌 개설부터 신분 인증, 거래까지

---

1   지분증명proof of stake :기존에 소유한 코인의 양에 따라 지분을 증명해 주는 것.

비파괴적 신뢰혁명 기술 블록체인

몇 시간 안에 완료된다. 6~10% 수수료가 적용된다.

　두 번째 방법은 느리지만 비용이 적게 든다. 크라켄Kraken 등의 거래 플랫폼에 접속해 은행계좌에서 플랫폼으로 자금이체를 한 후 비트코인을 구매해서 이더로 교환한다.

## 운영 방식

이더리움은 전 세계인이 사용하는 글로벌 컴퓨터(수천 대 컴퓨터의 결합체)로 볼 수 있다. 채굴자가 채굴에 필요한 연산능력을 제공하며 수수료로 '개스gas'를 받는다.

　다시 말해 채굴자들은 이더리움 블록체인 운영에 필요한 거래 인증과 거래 데이터 추가, 스마트 콘트랙트 실행을 공동 수행하고 그 대가로 개스를 받는다. 개스를 이더로 교환한 다음 거래 플랫폼에서 타 화폐로 교환할 수 있다.

　이더리움 블록체인은 전문가든 개인이든 사용자가 원하는 정보와 코드를 자유롭게 저장하고 이용할 수 것이 장점이다.

　또 여타의 블록체인과 달리 스마트 콘트랙트와 DAO(탈중앙 자율조직)을 기반으로 운영되는 것이 특징이다. 따라서 거래 분쟁이 적고 분쟁 해결에도 훨씬 용이하다. 은행 등의 중앙기관을 통해 상대편 거래자의 신용을 인증하는 절차도 없다. 요컨대 거래의 신뢰성을 100% 보증하는 완전 자동화 시스템이다.

# 스마트 콘트랙트와 DAO(탈중앙 자율조직)

### ① 스마트 콘트랙트

1994년 '스마트 콘트랙트'라는 용어를 최초로 사용하고 그 개념을 정립한 것은 암호 전문가 닉 사보다. 비트코인 네트워크의 전신인 비트골드의 고안자이자 비트코인 네트워크의 개발자로 추정되는 닉 사보는 낯선 사람들 간에 이뤄지는 전자상거래에 스마트 콘트랙트의 전자동화 계약 시스템을 접목하려고 했다. 스마트 콘트랙트는 각종 계약(금융 대출, 약속이행, 투표, 결혼계약 등의 모든 계약)이 기한 내 이행되도록 계약 조항을 등록 또는 실행하고, 계약 관련 특이 사항을 사전에 명시하는 컴퓨터 프로그램이다.

스마트 콘트랙트를 체결한 계약자들은 물건 배송, 기밀 유지, 상호 의무 이행을 포함한 계약 조건, 이를테면 결제조건을 준수해야 한다. 쌍방 계약자는 인증기관의 검증이나 중앙기관의 개입을 받지 않고 자동화된 디지털 계약서를 통해 거래 관계로 맺어진다. 요컨대 스마트 콘트랙트는 거래 중개자 없이 자체적으로 거래의 신뢰성을 보증하는 시스템이라 할 수 있다. 이 시스템으로 운영되는 이더리움은 대량의 스마트 콘트랙트를 생성해 인증기관의 규제나 법적 수단의 개입

없이 개인 간 직거래를 도와준다.[1]

스마트 콘트랙트는 블록체인에서 사전 심사, 허가, 인증을 받은 참여자라면 누구든지 이용, 조회 가능한 프로그램으로 설계되었다. 따라서 계약 조건에 쌍방이 합의하면 계약 조항이 자동으로 집행된다.

말 그대로 블록체인에 '스마트'한 기능을 이식하는 것이 스마트 콘트랙트다. 스마트 콘트랙트를 보험계약에 적용하면 계약자 쌍방이 약관에 합의함으로써 계약의 실효성이 발생하고 지급 기준에 부합할 시 보험청구액을 수령한다. 스마트 콘트랙트를 통해 블록체인은 정보 저장 외의 다채로운 기능을 수행할 수 있게 됐다.

스마트 콘트랙트는 쌍방의 계약 정보를 철저히 기밀로 유지하며 계약 조항, 일자, 개인정보 등의 정보를 안전하게 보관한다. 계약 내역을 블록체인에 날짜별로 기록해 누구도 반박, 위변조할 수 없는 '디지털 날짜'를 증거로 남긴다.

한편으로 스마트 콘트랙트가 양날의 검이라는 점도 알아둬야 한다. 불변성을 유지하며 한결같이 작동했으면 더없이 좋겠지만 코드 기록에 착오가 발생하면 다시는 원상복구가 불가능함을 명심해야 한다.

스마트 콘트랙트는 이더리움에서 솔리디티Solidity라는 언어로 블록에 기록된다. 솔리디티는 자바 스크립트와 유사한 문장구조로 된 고급 프로그

---

1  이더리움을 비롯한 탈중앙화 거래 시스템은 거래인증에 많은 비용이 들어서 개인이 자발적으로 인증 과정에 참여한다. 이더리움의 이더(ether)와 같은 '토큰(token)'이 만들어진 것도 바로 이 때문이다. 비트코인 시스템에서는 채굴자가 채굴 수당으로 비트코인을 받지만, 이더리움은 채굴자가 없는 대신 개인이 인증작업 수당으로 토큰을 받는다.

래밍 언어로 이더리움 내 가상장치의 코드를 압축해준다[1]. 일종의 튜링 완전체 언어Langage Turing-complet로서 간단한 프로그램을 복잡 다양한 프로그램으로 변환하는 역할을 한다. 그 결과 현재 이더리움은 스마트 콘트랙트와 관련해 저작권, 저작물 배포, 약관 기능은 물론 한층 다양한 프로토콜(암호화폐, 탈중앙화 금융 플랫폼, DAO 등)까지 구현하기에 이르렀다.

스마트 콘트랙트는 계약 조건이 실시간 업데이트되어 블록체인에 기록된 후 자동으로 인증이 완료된다. 반면에 외부 계약 조건을 검증할 때는 제3자 인증기관, 이더리움의 경우 오라클(Oracle, 데이터베이스 서버)의 도움을 받는다. 오라클은 계약자 쌍방이 지정하는 제3의 인증기관 또는 단체, 일종의 제3자 합의체라 할 수 있다. 다음 스마트콘트랙트 활용 사례를 살펴보자.

**\*이더리움 프랑스와 오라클의 스포츠 배팅**

「"오라클은 2016년 유럽축구선수권대회(EURO) 프랑스 대 독일 경기에서 프랑스가 20으로 우승한 사실을 7월 8일 자정, 인터넷 어드레스 0x3615087316813abba…에 입력했다. 그리고 이튿날인 7월 9일, 스마트 콘트랙트를 통해 승부 배팅 결과가 나왔다. 독일 팀의 승리를 점쳐 독일 팀에 배팅 액을 송금했던 A그룹은 손해를 보고, 프랑스 팀의 우승을 확신하며 배팅 액을 송금했던 B그룹은 내기에서 이기자 당첨금이 즉시 자동 입금되었다."」

---

1    이더리움은 비트코인의 영향을 받긴 했지만 여러모로 차이가 있다. 일단 코드 면에서는 비트코인과 사뭇 다른데 코드 자체가 별개로 만들어졌다. 무엇보다 큰 차이점은 암호화폐 송금/입금 기록뿐 아니라 다양한 거래 정보를 블록체인에 저장한다는 점이다. 또 튜링 언어의 유사 언어(quasi-langage)를 사용하므로 연산 시스템 자체도 완전히 다르다. 이더리움 네트워크에서 활동하는 개인들은 블록체인의 투명성 검증이나 화폐를 생성하는데 그치지 않고 각자 개발한 애플리케이션의 코드를 실행해 네트워크에 전송하는 임의코드실행까지 한다.

이처럼 스마트 콘트랙트의 계약금은 '개스'로 결제, 지급된다(1개스의 가치는 비교적 간단한 계약인 경우 몇 유로센트, 복잡한 계약은 몇 유로 상당이다). 스마트 콘트랙트는 광범위한 분야에 적용할 수 있다. 우리가 일상에서 계약금을 명목화폐(통상적 화폐)로 설정하듯이 블록체인상의 암호화 계약에는 스마트 콘트랙트가 적용된다고 할 수 있다.

| 관련사례 |

**\*코디어스**Codius**와 스마트 콘트랙트**

「코디어스는 금융 소프트웨어 개발업체 리플 랩스에서 개발한 스마트 콘트랙트용 프로토콜이다. 현재 오픈소스 베타 버전이 출시된 상태다. 쌍방이 거래를 체결할 경우 암호화된 계약서를 작성하게 하는데 이때 한쪽 계약자는 상대편이 계약을 확실히 이행할지 불안할 수 있다. 이런 경우에 대비해 코디어스는 제삼자를 지명한 다음 제삼자를 통해 계약 실행을 보증하고, 전송한 거래 암호에 대해 합법성을 검증하는 프로토콜을 만들었다. 일차적으로 금융권을 대상으로 웹 언어 활용형 프로토콜을 개발 중이다.」

② 탈중앙화 자율조직(DAO) - 분산형 자율조직

㉠ **기본 원리**

DAO는 탈중앙화 자율조직(Decentralized Autonomous Organ ization)의 줄임말이다. 이름에서 알 수 있듯이 중앙 통제기관이 없는 자율적 조직으로 하나 이상의 스마트 콘트랙트를 기반으로 운영된다. 스마트 콘트랙트는 탈중앙화 자율조직의 거버넌스(governance: 협업 운영-역주)를 위해 투명성과 불변성의 원칙을 준수하며 안심 거래를 구현한다.

이런 의미에서 '거버넌스 2.0'(예: 비트네이션[1]Bitnation) 시스템이나 '참여 거버넌스'로도 불린다.

///////////////

## 비탈리크 뷰테린의 분석

"이제는 DAO를 활용해 금리·환율·주가 등의 물가지수가 아닌 날씨 관련 파생금융상품에 가입할 수도 있다. 미국 아이오와주에 사는 한 농부가 지역의 강수량과 반비례하여 수익을 올리는 파생금융상품에 가입했다고 하자. 가뭄이 들면 자동으로 수익을 올리게 되겠지만, 반대로 비가 많이 와도 농작물이 잘 자랄 것이므로 농부 입장에서 만족스러울 수 있다. 이렇듯 DAO를 이용하면 제3자의 중개 없이 수익이 나면 자동으로 돈을 받고, 손실이 발생하면 자동으로 지급되는 간단한 스마트 콘트랙트를 가상해 볼 수 있어 자연재해 보험 상품에 활용할 수 있다."

///////////////

한편 DAO는 현재 법적 공백기에 있어 법규 제정이 시급한 상황이다. 실제로도 여러 측면에서 법적 취약성을 드러내고 있다. 이를테면 계약 조건을 준수하지 않는 공급자에게 계약금을 맡겨도 (DAO와 계

---

1 비트(bit)와 국가(nation)의 합성어인 비트네이션(Bitnation)은 일명 '크립토네이션(cryptonation)'으로 블록체인의 스마트 계약 기술을 기반으로 설립된 온라인 최초의 '가상국가'다.

비파괴적 신뢰혁명 기술 블록체인

약 공급자를 연결하는 스마트 콘트랙트에는 계약 공급자의 의무에 대한 규제 수단이 부족한 까닭에), 나중에 불의의 피해를 보더라도 피해액을 돌려받을 수 있는 법적 수단이 없다.

DAO는 이외에도 많은 한계점을 드러내고 있지만 이제 갓 출현한 신생 조직인 만큼 앞으로 변화를 모색하면 최적의 활용 방안을 모색할 수 있을 것이다.

////////////////
## 기업인 출신 변호사 티보 베르비에스트[1]의 분석

탈중앙화 자율조직 DAO는 사용자 공동체에 거버넌스 규칙을 제공하는 컴퓨터 프로그램을 기반으로 운영되는 조직을 말한다. 구조상 스마트 콘트랙트보다 복잡하지만, 블록체인에 명시돼 있듯이 투명성과 불변성을 원칙으로 한다는 점에서 스마트 콘트랙트의 이점을 유지하고 있음을 알 수 있다. 산업혁명과 더불어 발생한 전통적 조직이 수직적 관계를 띠고 영리 추구 목적의 주주협의회의 개입을 받는다면, 탈중앙화 자율조직은 본질적으로 수평적 관계를 띤다. 그런 만큼 전통적 조직보다 결집력이 약해 분열 가능성이 크다.

DAO는 현재보다 훨씬 자유롭고 투명하며 민주적인 경제구조를 사상 최초로 실현하겠다고 했는데, 이 약속을 어떻게 이행할 수 있을지 궁금하다. 기존 조직들처럼 거버넌스를 구축해 시험 운영에 나설 계획이라고 하

---

1    티보 베르비에스트Thibault Verbiest : 프랑스 로펌 '드 골 플르랑스 앤 아소시에(De Gaulle Fleurance & Associés)' 소속의 변호사로 그의 저서 《분산형 자율 조직의 법적 위상은?》에서 인용.

지만, 이 거버넌스가 단기간에 기존의 국가 구조에 순조롭게 편입될지는 불투명하고, 다른 권리 주체(채권자, 채무자, 중재자 등)와 어떤 식으로 협력할지도 미지수인 상황이다.

−이더리움과 The DAO
'The DAO'는 이더리움 블록체인을 통틀어 최초로 고안된 탈중앙화 자율 조직(DAO), 즉 분산형 자율조직이다. The DAO는 탈중앙화 자율조직 전문 신생 투자사로 신규 투자 프로젝트 평가, 투자단과 공동으로 프로젝트 투자 여부 결정, 위험부담금/이익금 분배의 세 가지 업무를 주로 한다.
구성원은 주주협의회 측 투자단과 투자처로 나뉜다. 투자단은 DAO 발족에 참여하고 가상화폐 교환용 자금을 투입하며, DAO 운영 기반을 구성한다. 투자처는 DAO에서 추진하는 투자 프로젝트에 등록해 투자금을 받는다.
그 밖에 재산 관리자도 있다. 투자처에서 제공하는 소스 코드와 투자 청구 내역의 일치 여부를 검열해 부적격자를 걸러낸다. 관리자 개개인의 업무도 엄중히 감사하며 '부정부패'가 발각될 시 제명될 수 있다.

−DAO 활용의 또 다른 예
보험회사나 보험중개사를 통하지 않고 자체적으로 실직에 대비하는 실직 보험 공동체를 구성할 수 있다. 실직대비 공동기금(비트코인 또는 이더)을 조성했다가 회원 한 명이 직장을 잃을 경우(실직 사실 심사기관 API

비파괴적 신뢰혁명 기술 블록체인

를 통해 실직 정보가 전송됨) 실직 보험금을 지급한다. 이 모든 과정이 스마트 콘트랙트를 통해 실행된다.

−법인격의 부재

DAO는 얼핏 생각해도 알 수 있듯이 기업을 상대로 계약을 체결하거나 은행계좌를 개설하고 법적 소송/소환을 하는 것이 불가능하다. 그러나 법정에서 '법적 실체'로 참작될 여지는 있다. 개인들이 모여 공동의 논의를 거치고, 구성원들이 제삼자의 개입 없이 각자 역할을 완수한 결과로 구성된 조직체이기 때문이다.

법적 실체에는 두 사람 이상이 출자하여 공동 사업을 경영하기 위하여 설립한 단체, 즉 조합과 동일한 법규가 적용된다. 프랑스 민법 제1871조에 따르면 조합 간 관계에는 상거래의 목적을 띠고 다수로 구성된 민간단체에 대한 법적 조항과 동일한 조항이 적용된다.

실제로 도입될 경우 DAO는 시민단체의 성격을 더 많이 띨 것이다(단, 기능이 계속 변화하고 있음을 감안해야 한다). 성격이 어떠하든 시민단체이든 영리단체이든 간에, 채무가 있을 시 변제하지 못하면 채권자들이 DAO '회원들'의 개인 재산을 (대조 가능한 경우에 한해) 추적할 수 있다. 따라서 DAO는 법적 실체인 만큼 법적으로 존재할 가능성은 있으나, 법인(격)이 부재하므로 개인으로서의 법적 권리를 누리고자 하는 구성원에게는 유리하지 않을 것이다(단, 익명으로 남고자 하는 구성원은 예외로 한다). 그런데 이 문제에 대응할 창의적인 해법이 나왔다.

DAO와 '전통적' 법 체제를 연계하는 데 목적을 둔 스위스계 법인체 'DAO. 링크DAO.link'가 설립되면서다.

DAO. link는 DAO와 계약하고 이더리움 블록체인에 DAO 전용 어드레스를 제공하고 있다. 이 어드레스는 블록체인에서 계약당사자인 DAO를 대변하며, 스마트 콘트랙트도 포함하고 있다. 이와 동시에 DAO는 스마트 콘트랙트가 온전한 법적 효력을 갖도록 그에 상응하는 '실제' 계약서에 서명함으로써 DAO. link와 정식 계약을 체결한다.

따라서 계약에 연관된 모든 법적 관계에서 DAO. 링크가 DAO를 대변하게 된다.

아울러 제반의 위험 부담이 DAO. link에 전가된다.

한편 오토노모스Otonomos.com라는 기업도 DAO의 법적효력 확보를 위한 솔루션을 제공한다. DAO 이용자들이 '해외 아웃소싱(off-shore)' 기업의 주주들과 대등한 자격을 보유하도록 했다(재정적 이유뿐 아니라 주주로서의 유연성 확보를 위한 목적도 있다). 하지만 세계 각국에서 도입할 경우 상당한 난관이 따르리라 예상된다.


－재산의 신탁 관련 사항

DAO는 신탁(민법에서 'trust')과 유사한 성격도 지니고 있다. 프랑스 민법 제2011조에 관련 내용이 명시되어 있다. "신탁이란 한 명 이상의 위탁자가 자신의 재산, 권리, 담보 또는 이 전부를 한 명 이상의 신뢰 가능한 수탁자(맡은 사람)에게 이전함을 말한다. 수탁자는 자신의 고유 재산과 별개로 이를 관리하며 한 명 이상의 수익자에 대한 이익이나 특정한 목적을 위해 그 재산권을 관리 처분한다."

이렇듯 신탁법상에는 법인이 존재하지 않으며 수탁자에게 이전된 재산이 수탁자 개인 자산과 별개의 재산을 형성한다. 게다가 '위탁자(맡긴 사람)'가 자기 자신을 '수익자'로 지정할 수도 있다.

이렇게 보면 신탁법의 원칙상 DAO에 적용 가능할 것으로 보인다. DAO 공동체(위탁자)는 스스로를 '관리자'(수탁자)로 지정함으로써 재산 및 권리 (비트코인, 이더, 토큰 등)의 설정과 그에 수반하는 이익 획득에 영향을 행사하겠다는 확고한 목적을 띠고 단합할 수 있다.

─실제로 도입 가능할까?

신탁을 설정하려면 (특정 의무가 명시된) 서면 계약을 체결해 세무서에 등록해야 한다. 아울러 이 신탁계약을 정부 산하 신탁관리공사에 신고해야 한다. 이때 수탁자는 금융기관이나 변호인이어야 한다. 따라서 DAO를 생성할 때 회원들을 블록체인 상에 '익명'으로('주소'와 '공용 키'로만 식별 가능하도록) 설정할 수 있는데, 단 신탁계약 관리당국(프랑스의 경우 판사)에 회원 개인정보를 보고해야 한다. 신탁계약서는 가급적 스마트 콘트랙트로 실행하는 방식이 바람직하다.

DAO에 '관리자' 기능이라는 예상 밖의 기능이 탑재된 사실을 알면 신탁 전문 변호사들도 경탄할 것이다. 여하튼 실제로 사용해봐야 현실적으로 유용한지 가늠할 수 있을 것이다."

## ⓛ 해킹 당한 The DAO, 원인은 시스템 결함

스타트업 슬록아이티[1]Slock.it가 주축이 된 어느 공동체에서 분산형 자율조직 The DAO를 선보이고 2016년 5월 16일 대규모 크라우드 펀딩을 모집한 이후 4주 만에 1억6000만 달러 이상의 투자액을 유치하는데 성공했다. 그런데 2016년 6월 17일 대대적인 해킹을 받고 개발에 발목이 잡히고 말았다. 아래 '파스칼 아고스티 변호사의 분석'에 관련 내용이 자세히 설명되어 있다.

원인은 시스템 결함이었다. 구성원의 감시망에서 벗어난 어드레스 하나가 해커 공격을 받아 The DAO 자산의 3분의 1, 다시 말해 당시 유통 중이던 암호화폐(이더) 총액의 10% 이상이 유출됐다.

//////////////
### 파스칼 아고스티[2] 변호사의 분석

"2016년 6월 한 해커(또는 해킹 그룹)가 Slock.it의 분산형 자율조직 'The DAO'의 스마트 콘트랙트에서 보안상 취약점을 찾아내 악용했다. The DAO는 이더리움 블록체인 기반의 가상화폐 이더(Ether)를 이용한다. 당시 The DAO는 사물인터넷(IoT)과 전기자동차 프로젝트에 투입할 자금을 조달하고자 크라우드 펀딩을 벌였고 1억6800만 달러 상당을 조성했는데 그 중 3분의 1 가량인 5천만 달러를 해커에게 도둑맞고 말았다. 해커는 The DAO의 (컴퓨터) 보안코드를 치밀하게 분석한 끝에 '법적으로는' 침입 불가

---

1 독일계 공유 솔루션 IT 기업으로 어떤 물건이든 대여, 판매, 공유 가능한 블록체인 기반 P2P 플랫폼을 제공한다.
2 법무법인 Caprioli & Associés 소속 변호사 파스칼 아고스티(Pascal Agosti)

능함을 확인하고 다른 경로를 찾은 것으로 알려졌다. The DAO는 이 사태에 대한 대응 방안을 결정할 중앙기관이 없는 까닭에 채굴자들은 2016년 7월 14일까지 투표를 통해 해결하는 방안을 수립했다. 그 결과 문제의 해커를 검거하고 훔친 투자액을 회수했다. 이후 이더리움 측은 수습 차원에서 하드포크[1]를 제안했다. 블록체인 암호체계 변경 및 시스템 전면 수정을 통해 '유실된' 이더를 회수하고 '합법적' 소유자들에게 반환하기 위해서였다. 그런데 이더 소유자를 대상으로 투표를 실시했더니 찬성률이 20%에 그쳤다. 거버넌스 운영에 필요한 대표성의 원칙을 실현하기에는 턱없이 부족한 지지율이었다.

요컨대 DAO 시스템의 결정적 취약점은 (존재하지 않거나 존재가 불확실한) 거버넌스에 있다. 블록체인을 비공개(공동 컨소시엄 또는 프라이빗)로 전환한다거나, 거버넌스를 통해 임명된 중앙기관(법인)이 보안−통제−의사결정권을 갖고 제반의 책임을 완수한다고 해서 해결될 문제가 아니다.

최적의 규약과 내부규칙을 확립해 전원이 참여하고 동의할 수 있는 협치의 운영 방식(거버넌스)이 마련될 수 있도록 해결책을 간구해 나가야 할 것이다."

////////////////

## ⓒ 시스템 수정이 가능한 블록체인 −이상향 일까, 현실이 될까?

---

1  하드 포크(Hard fork): 기존 코인과 다른 새로운 코인을 생산하는 것을 말 함. 포크(fork)는 하나의 뿌리를 갖고 있다. 처음에는 모두 쌍둥이처럼 똑같은 모습이었지만 차차 한 뿌리에서 갈라지면서 가닥가닥 줄기 형태의 고유한 모습으로 탈바꿈했다. 이처럼 한 뿌리에서 나왔지만 완전히 다른 양상으로 변화하는 것을 하드 포크라 한다.

The DAO 해킹 사태 이후 기존의 프라이빗(또는 허가형) 블록체인 시스템을 수정 가능한 시스템으로 변경해야 한다는 주장이 제기됐다. 기존의 '정형화 된' 시스템은 블록 하나를 변경하려고 하면 모든 블록이 포함된 알고리즘 연속체(체인), 즉 연산체계 전체를 망가뜨려야 하므로, 사실상 시스템 변경이 불가능하다.

참여자 중에 시스템 변경 찬성 인원이 충분하지 않으면 기존처럼 난공불락의 상태가 계속 유지되고 그 결과 블록 조작이 시도되면 증거가 극명하게 남게 된다. 반대로 찬성 인원이 충분하면 시스템에 신규 포크fork를 추가할 수 있다. 결함이 발견된 블록에서 원래 줄기(포크)를 절단하고 새 줄기를 이식해 어느 정도 자라면 신규 블록에 연결하는 방식이다. 그런데 블록 하나를 수정하면 이후의 블록들을 모두 재구성해야 하므로 엄청난 혼란과 과도한 비용을 초래한다. 어쩌면 수정 시도조차 불가능할 수도 있다.

그 해법으로 액센추어Accenture는 2016년 9월 블록체인 기술에 접목할 신규 프로토타입 시제품을 선보였다. 인간의 실수로 인한 작동오류를 해결하면서도 관련 법·규정을 준수하고 암호화 기능을 유지하는 혁신적인 블록체인 환경을 구현하려는 취지에서였다. 또 이를 통해 은행, 보험, 자본시장을 위시한 블록체인 기술이 적용되는 기업에 혜택이 돌아가리라 전망했다. 이제부터는 '시스템 수정 가능한 블록체인', 즉 블록체인의 기본원칙인 불변성에 반대되는 방식으로 작동하는 블록체인을 어떻게 구현하느냐가 관건이 될 것이다.

**03**

# 분산 합의 프로토콜

## 정의

앞서 설명했듯이 2016년 들어 블록체인 기업이나 IT 전문 언론·출판 업계에서 분산원장(대규모 분산 거래 장부 또는 회계장부)이란 용어를 부쩍 많이 사용하고 있다. 최신 블록체인(프라이빗 또는 하이브리드)이 블록체인의 효시인 퍼블릭 블록체인(비트코인, 이더리움)보다 현대적인 컨셉트와 유연한 대응방식을 갖췄음을 강조하기 위해서였다.

그런데 블록체인에 '공개'라는 수식어를 붙여도 괜찮을까? 좀 더 심층적으로 살펴보자. 필자는 블록체인의 세계와 그 구성 기술을 이해하는 결정적 요소가 무엇인지 짚어보는 것이 우선이라고 보는데, 독자 여러분의 생각도 같으리라 짐작한다.

보통 '블록체인'이나 '블록의 체인'이라고들 하는데 같은 의미일까?

일반적으로 블록체인을 '블록의 연속체'로 된 데이터 구조로 이해하고 있는데, 사실 이 연속체는 '분산원장 프로토콜'의 일부일 뿐이다. 과학기술이 집약된 플랫폼 전체를 지칭하려면 블록체인이 아니라 '분산원장 프로토콜'(공개/개방형과 폐쇄형 원장을 겸비한 프로토콜)로 명명하는 편이 훨씬 '논리적일' 것이다.

개방형 분산원장의 핵심적인 특징은 데이터 분산저장과 효율적인 합의 알고리즘에 있다. 합의 알고리즘은 네트워크상의 각 노드를 통해 등록되는 거래 내역의 진실성을 규명하는 기능을 한다. 그래서 합의 알고리즘의 원리를 이해하면 분산원장의 속성을 대부분 파악할 수 있다.

비트코인을 예로 들어보자. '비트코인 블록체인'의 분산원장이 지니고 있는 보안성, 탈중앙화 특성은 분산 합의 알고리즘의 기본 속성인 '익명 유지 또는 작업증명 방식'에서 유래했다. 블록의 연속체라는 속성에서 연유한 것이 아니었다.

그러므로 좀 더 폭넓은 의미에서 **불특정 다수의 '분산 합의 프로토콜'에 기반을 둔 블록체인**이라고 명명하는 편이 바람직하다.

분산 합의 프로토콜의 구성 요소는 다음과 같다.

- 토큰(가치와 액면가를 지닌 거래·정보 단위. 예: 블록체인의 토큰인 비트코인/이더리움)
- 합의 메커니즘 (예: 작업증명)
- 구조(예: 블록체인)

비파괴적 신뢰혁명 기술 블록체인

- 참여자 네트워크 (노드node)
- 운영 규약 (예: 리플Ripple 프로토콜)

지금까지 비트코인과 이더리움을 예로 들어, 어떤 속성이 있을 때 개방형 블록체인이라 할 수 있는지 알아봤다. 그럼 사전 지식을 쌓았으니 본격적으로 블록체인의 종류를 살펴보자.

# 블록체인의 종류

퍼블릭 블록체인과 프라이빗 블록체인 가운데 무엇을 택할지를 놓고 전부터 의견이 분분하다. 은행과 금융기관은 물론 중앙은행까지 블록체인 기술에 관심을 보이고 금융권 특성에 맞게 프라이빗 블록체인 시험 도입을 추진하면서 더욱더 현실적인 쟁점으로 떠오르고 있다.

### 퍼블릭 블록체인 vs 프라이빗 블록체인

**㉠ 퍼블릭 블록체인**

블록체인 기술의 효시로서 블록체인 모델 중 최고의 인지도를 자랑하는 퍼블릭 블록체인은 전 세계인에게 공개되는 온라인 거래장부다. 철저한 개방성을 표방하므로 누구나 접근해 거래를 실행하고 합의 과정에 참여할 수 있다. 그런 만큼 중앙관리형 거래장부나 제3자 인증기관이 없다.

중앙기관의 통제를 받지 않고 사용자 전원이 공동으로 참여한다는 점에서 기존의 중앙집중형 거래 방식의 대안이 될 수 있다. 하지만 정통성을 중시하는 이들은 퍼블릭 블록체인만이 진정한 블록체인 기술이요, 퍼블릭 블록체인이 곧 블록체인이라고 주장한다.

퍼블릭 블록체인은 '암호화폐 경제[1]crypto-economics'를 토대로 운영된다. 다시 말해 작업증명(PoW) 또는 지분증명(PoS)등의 암호화 기술 검증 방식에 경제적 유인책이 맞물려 작동한다. 따라서 '철저한 탈중앙화 방식'의 블록체인으로 분류된다.

## ⓛ 컨소시엄 블록체인 또는 하이브리드 블록체인

컨소시엄 블록체인은 사전 선발된 일부 노드가 거래내역에 대한 합의를 도출한다.

예를 들어 15개 금융기관이 제휴한 컨소시엄이 있다고 하면, 각 기관이 하나의 노드가 되고 최소 10개 이상의 노드에서 합의해야 합법적인 블록으로 승인된다. 공개 정도에 따라 퍼블릭 블록체인처럼 누구나 접근할 수도 있고, 프라이빗 블록체인처럼 허가 받은 일부 참여자만 접근할 수도 있다. 따라서 컨소시엄 블록체인은 '부분적 탈중앙형 방식'의 블록체인으로 분류된다.

50여개 회원 은행이 제휴한 'R3CEV 컨소시엄'의 경우 '하이브리드

---

1  이더리움 개발자 비탈리크 뷰테린(Vitalik Buterin)이 만든 신조어

블록체인'으로 볼 수 있다.

### ⓒ 프라이빗 블록체인

프라이빗 블록체인은 허가된 참여자만 접근할 수 있다. 중앙기관(예: 중앙은행)에게만 거래 기록 작성 권한이 있다. 단, 거래 기록 열람은 참여자 전체(퍼블릭) 또는 제한된 소수(프라이빗)가 할 수 있다.

## 블록체인의 특징 및 합의 방식

블록체인의 분류 기준은 네트워크 공동체 성격, 거래(트랜잭션) 유형, 합의 결과의 신뢰성 보장을 위한 무결정성 검사 방식, 프라이빗 또는 퍼블릭의 성격에 따라 나뉜다.

### ⓐ 퍼블릭 블록체인 (또는 비허가형 블록체인, 채굴형 블록체인)

- 특징 : 중개자와 검열 절차가 없는 개방형 네트워크
- 합의 방식 : 작업증명 방식. 느린 작업속도, 높은 비용. 네트워크 내부 보상 규정에 의거해 채굴자 수수료가 발생 함.

| 관련사례 |

**\*퍼블릭 블록체인과 거래정보 유출**

「분산 합의 프로토콜(비트코인 이더리움을 비롯한 각종 블록체인의 한계를 뛰어넘는 광범위한 의미의 블록체인)은 '탈중앙화 공개형 공공거래장부'(퍼블릭 블록체인)에서 흔히 드러나는 데이터 보안 문제를 해결하고자 고안된 대안 솔루션이다. 비트코인 솔루션보다 합의 과정이 신속하고 효율적임은 물론이고, 컴퓨터 연산의 정확성을 검증하는 원천 기술인 정

형기법Formal methods을 토대로 개발되어 신뢰성을 보장해준다.

이렇듯 퍼블릭 블록체인의 대안으로 '분산 합의 프로토콜'이 등장했지만, 문제의 원인은 딴 곳에 있었다. 비트코인은 정형기법 같은 수학적 검증 과정을 제공하지 않아서가 아니라 이론적으로 문제가 있었기 때문이다. 장애 발생 시 시스템 전체의 신뢰성 유지를 위해 참여자들끼리 시스템 수정(포크)에 대한 합의를 도출을 해야 하는데, 다시 말해 앞서 설명한 '비잔틴 장군들의 문제'를 해결해야 하는데 그러지 못하는 경우가 비일비재하다.

실제로 비트코인 블록체인은 포크 실행 시 데이터 분실의 우려가 있다(적어도 전문가 사이에서는 공공연한 사실이다). 소프트웨어 업그레이드를 위해 포크를 실행할 때 문제가 있는 부분의 블록체인을 절단, 수정해 두 줄기의 블록체인으로 분할하는데, 이때 긴 쪽의 줄기만 적법한 것으로 인정되고 잘려나간 짧은 줄기는 저장된 데이터를 송두리째 잃을 가능성이 있기 때문이다.」

ⓛ **프라이빗 블록체인(또는 허가형 블록체인, 합의형 블록체인)**

-특징 : 프라이빗 또는 부분적 프라이빗 (플랫폼 접근권한에 따른 분류), 사전 신원 확인 후 허가된 참여자만 접근 가능, 업계별 차등 적용.

-합의 방식: 플랫폼 외부 이해관계자들의 합의에 의한 방식 (프라이빗 블록체인의 위촉을 받은 대리인이 담당)

ⓒ **비트코인 블록체인 :**

-비트코인을 통용 화폐로 사용하는 블록체인: 비트코인 기호- BTC

---

1   이더리움 개발자 비탈리크 뷰테린(Vitalik Buterin)이 만든 신조어

-비트코인을 통용 화폐로 사용하지 않는 블록체인: 팩텀(화폐-팩토이드Factoids), 마스터코인(화폐-MSC), 카운터파티(화폐-XCP), 네임코인(화폐-NMC)

## 블록체인 분류 방식

**㉠ 비트코인 블록체인의 한계점을 개선한 블록체인 :**

-통용 화폐로 비트코인을 사용하는 블록체인 : 블록스트림Blockstream, 트루스코인Truthcoin

-통용 화폐로 기타 화폐를 사용하는 블록체인 : 이더리움(화폐-이더Ether), 비트셰어(화폐-BTS), 트루스코인(화폐-캐시코인), 라이트코인(화폐-LTC), 페이코인(화폐-XPY)

**㉡ 블록체인의 한계점을 개선한 블록체인:**

-채굴 없이 합의 도출: 리플, NXT , 하이퍼레저, 텐더민트, 페블Pebble, 오픈 트랜잭션 , 비어체인

이상 현존하는 블록체인을 대략적으로 분류해봤다. 총망라한 것은 아니고 상당히 주관적인 관점에서 분류했다. 관점에 따라 다른 방식으로 분류할 수 있음을 알려둔다.

# 블록체인 합의

## 정의

일반적 의미에서 합의란, 둘 이상의 당사자로 구성된 집단에서 특정 사안에 대한 의견이 긍정적 방향으로 일치하여 사전 투표나 특별한 의결 절차 과정이 없어도 합심하여 의사결정을 하거나 행동하는 것을 말한다. 또 앞서 설명했듯이 분산 컴퓨터 시스템에서 합의란 '노드들(참여자들)이 거래의 적법성에 합의하고 자신들이 인증한 거래 정보와 상응하게 대규모 거래 장부를 업데이트하는 것'을 뜻한다.

1970년경 알고리즘 출현을 계기로 컴퓨터 분야에 합의 개념이 처음 등장한 이후 줄곧 통용되는 의미를 보면, 어떤 결정에 대해 의견 일치에 도달해야 하는 노드들이 모인 '분산형의 네트워크 구조' 또는 '분산 컴퓨팅[1]'의 근간을 이루는 개념이다. 따라서 분산형 의사결정 방식에서 문제나 장애가 발생하더라도 전체 시스템의 신뢰성에 영향이 가지 않도록 하는 것이 합의의 주된 목적이다.

이론전산학에서는 다음 기준에 부합하는 합의 프로토콜을 통해 합의 문제를 해결한다.[2]

- 종료termination : 모든 프로세스가 참여해 의사결정을 내린다.

---

[1] 분산 컴퓨팅은 여러 컴퓨터의 마이크로프로세서(보통은 중앙처리장치)를 이용해 계산문제를 해결하고 정보를 처리하는 분산처리 기술이다.
[2] 합의 메커니즘을 이용하는 목적은 네트워크에 분포한 노드들이 동일한 정보를 이용하고 적법한 거래만 분산 원장에 기록되도록 하는 데 있다.

- 무결성integrity : 모든 프로세스는 시스템이 항상 정상으로 작동할 수 있도록 프로세스 중 하나가 제안한 사항에 대해서도 의사결정을 내린다.

- 동의agreement : 모든 프로세스는 동일한 의사결정을 내린다.

보안 체계에 결함이 있어도 시스템의 중단 없이 안전하게 합의를 보장하는 프로토콜을 일컬어 'T 로버스트T-robust'라 한다.

여기서는 (알고리즘 또는 수학적) '합의' 기능에 관해 구체적으로 설명하기보다는 블록체인(퍼블릭)과 분산 합의 프로토콜(프라이빗 블록체인)에 어떤 합의 방식들이 있는지 간략히 소개하려고 한다.

앞서 비트코인 블록체인의 작동 원리에서 작업증명 채굴 방식의 합의 메커니즘을 살펴봤다. 지금부터는 작업증명보다 효과적이면서 에너지 소모가 적은 '분산 합의 알고리즘'에 관해 자세히 알아보자.

| 관련사례 |

### *지분증명Proof-of-Stake 합의 방식

「알다시피 채굴에는 엄청난 전기 에너지가 소모된다. 이더리움을 비롯한 일부 블록체인은 고난도의 연산문제 해결에 막대한 전력을 투입해야 하는 작업증명(PoW) 방식에서 지분증명(PoS) 방식으로 변경하는 방안을 고심 중이다. 기존에 자신이 소유한 코인의 양에 따라 지분을 증명해 주는 방식이다. 그러면 블록 인증을 하느라 고도의 연산 능력을 투입하고 또 그로 인해 에너지를 '소모하지' 않아도 된다. 일정량의 암호 화폐만 보유하면 된다.」

## 합의 알고리즘의 종류

블록체인 거래장부의 일관성 유지를 위해 고안된 '합의 알고리즘'의 종류를 알아보자(출현 시기 순으로).

- **1998년 | 작업 증명**(PoW)[1]: 전자거래 인증 시 해시 알고리즘을 수차례 실행하거나 알고리즘에 따라 고난도 연산문제를 계산해야 한다.

– 비트코인

특징: 모든 노드가 익명인 점 때문에 악의적으로 행동할 가능성이 있다. 작업 증명 방식은 실제로 '효율이 떨어지지만' 네트워크 보안 차원에서 사용하는 경우가 대부분이다.

– 이더리움

특징: 비트코인과 동일하지만 좀 더 확장성 있고, 스마트 콘트랙트(계약) 기능이 있음.

– 피어코인Peercoin[2]과 디크리드Decred[3]

특징 : 작업 증명과 지분 증명 겸용의 하이브리드 방식을 사용한다. 견고한 합의 체계 구축을 위해 양쪽의 장점을 고루 채용했다.

- **1998년 | 팩서스**Paxos **알고리즘**

---

1  연산 능력에 따라(블록을 생성해 내는 양에 따라) 또는 채굴 능력이나 역량에 따라 수수료가 결정되는 시스템.
2  피어코인은 저비용으로 암호해독을 추구한다.
3  https://decred.org 자율적 가상화폐로서 탈중앙화된 의사결정권과 자가 자금조달능력을 통하여 제3자의 영향력에서 벗어난 전자화폐를 지향한다 작업증명 방식에서 진화된 암호화폐의 블록체인으로 분산 합의에 도달하는 방식

시스템 일부에 고장이 발생해도 전체 시스템 및 프로그램이 정상 작동하게 한다.

- **2013년 | 지분 증명**(PoS)[4] : 일정량의 암호화폐, 즉 지분을 보유하고 있음을 증명함으로써 블록체인 내 블록 생성을 요구하고 채굴(암호 해독)에 따른 보상을 받는 방식이다.

  – 이더리움 프로젝트 2017 (샤딩Sharding)[5]

  – 피어코인Peercoin

  – 지분 증명의 종류

  (i) 소유 증명(PoH,proof of hold): 암호화폐 소유 기간이 길수록 블록 인증(거래 검증) 권한이 강화되는 방식

  (ii) 사용 증명(PoU,proof of use): 암호화폐 교환 경력이 많을수록 블록 인증 권한이 강화되는 방식

  (iii) 지분/시간 증명(PoST,proof of stake/time): 암호화폐 보유량과 소유 기간을 계산해 블록체인 내 블록 인증 권한을 부여하는 방식 (예: 피어코인, 베리코인Vericoin)

  (iv) 최소기간 지분증명 (PoMAS, proof of minimum aged stake) : 가중치를 적용하는 방식

  (v) 중요도 증명(PoI, proof of importance) : 암호화폐에 대한 중요도가

---

4  작업증명 방식에서 진화된 암호화폐의 블록체인으로 분산 합의에 도달하는 방식
5  샤딩(Sharding): 블록체인 내에서 각 노드의 레벨에 맞게 구역을 분류한 후 구역별로 거래 검증을 처리하는 방식. (블록체인 전체를 다운받을 필요가 없기 때문에 거래 검증 속도가 빨라 짐–역주)

최고점(최다 지분 보유량-역주)인 사용자가 보상받는 방식 (예: NEM)

---

**| 관련사례 |**

**\*작업 증명(PoW) vs 지분 증명(PoS)**

「블록 인증 방식 가운데 가장 인지도가 높은 작업 증명과 지분 증명은 각기 다른 합의 메커니즘을 채용하고 있다. 작업 증명의 경우 컴퓨터 연산문제 해결 프로세스를 채굴 또는 마이닝이라 하고, 채굴자를 마이너라 한다.

지분 증명의 경우 컴퓨터 연산문제 해결 프로세스를 화폐발행 또는 민팅minting이라 하고, 화폐 발행자를 민터minter라 한다.」

---

- **2013년 | 위임 지분 증명**(DPoS, delegated proof of sake) : 투표를 통해 신뢰성 있는 대리인을 한정 인원으로 선출한다. 위임받은 대리인만이 블록을 등록할 권한을 가지며 각자 랜덤으로 블록을 등록한다. 누구나 토큰만 보유하면 투표에 참여할 수 있다. 투표자가 보유한 토큰 수에 비례해 득표수가 결정된다. 대표적으로 다음과 같은 프로그램이 있다.

  - 비트쉐어Bitshares : 차세대 암호해독거래 플랫폼의 일종인 분산형 교환기. 스팀코인과 유사함. 블록체인에서 교환 및 뱅킹을 비롯한 금융서비스를 제공함.

  - 그래핀Graphene : 크립토노멕스Cryptonomex Inc.에서 개발한 오픈소스 블록체인 툴킷

  - 스팀Steem : 채굴 참여자 전원에게 보상이 제공되는 블록체인 기반의 소셜미디어 플랫폼

비파괴적 신뢰혁명 기술 블록체인

**작업 증명 시스템**

채굴자의 작업량에 따라
블록 채굴량이 결정됨

전력 필요량과 낭비가 막대함

선량한 다수의 비극:
51% 공격에 취약한 네트워크

막강한 채굴력을 보유한 공동체이지만
시간 경과에 따라 중앙집중화 우려가 있음

**지분 증명 시스템**

채굴자의 비트코인 지분에 따라
블록 인증이 결정됨

작업 증명(PoW) 시스템보다
전력 소모가 적음

51% 공격 시 과도한 비용이 발생함

탈중앙화 시스템이지만
채굴자 공동체를 형성하기 어려움

- **2013년 | 래프트**Raft: 팩서스알고리즘에서 파생된 합의 알고리즘으로 원리 이해가 쉬운 것이 특징이다. 세부적으로 다음과 같은 종류가 있다.

  - **권한 증명(proof of authority)**: 한 명 이상의 노드가 블록 추가의 권한을 획득함.

  - **활동 증명(proof of activity)** : 노드의 프로필을 참고해 결정 함.

  - **능력 증명(proof of capacity)** : 노드의 프로필을 참고해 결정 함.

  - **개인 증명(proof of ipseity)** (예: 비어체인)

  - **비잔틴 장애 허용** (예: 하이퍼레저Hyperledger)

- **2016년 | 주노**Juno (래프트에서 파생된 합의 알고리즘) – JP 모건에 의해 개발

- **2016년 | 탄가로아**Tangaroa (래프트에서 파생된 합의 알고리즘)

---

| 관련사례 |

**\*블록체인 내 컴퓨터 간 합의 (또는 사물 간 합의)**

「블록체인에 연결된 하나 이상의 컴퓨터나 사물이 거래 인증(개인정보 인증 및 로그인 요청, 가치의 교환, 계약의 일부분 이행 등)을 요청할 경우, 동시간대 네트워크에 접속 중인 컴퓨터들은 거래 인증 여부를 합의, 결정해야 한다. 이때 참여하는 컴퓨터 수가 파라미터(변수)가 된다(방향성 비순환 그래프 이론[1]). 참여 컴퓨터가 많을수록 합의에 도달하는 시간이 길어지지만 신뢰도 높은 결과를 얻을 수 있다.」

---

1  전문용어 참조: http://www.blockchaindailynews.com/glossary/ 방향성 비순환 그래프(directed acyclic graph)를 활용하면 일정한 규칙 없이 서로 떨어져 있는 객체들 간에 최적의 이동 노선을 구할 수 있다.

비파괴적 신뢰혁명 기술 블록체인

# 블록체인의 진화 생태계

최근 블록체인 분야에는 이른바 '블록체인 2.0'으로 불리는 혁신적 성과들이 나타나고 있다. 지금부터 대략적인 흐름을 조명해보겠다. 이쯤 되면 독자 여러분은 블록체인(블록의 연속체)보다 '분산원장(또는 분산합의) 프로토콜'이 정확한 명칭이라고 보겠지만, 일반적으로 통용되는 블록체인이라는 명칭을 사용하도록 하겠다.

## ① 리스크Lisk—디앱(Dapp, Decentralized application탈중앙화 앱)

리스크는 독일 태생의 맥스 코덱이 창립한 스타트업으로 2016년 초 크라우드 펀딩을 통해 14,000 비트코인을 모금했다. 이더리움과 상당히 유사한 프로젝트를 추진하면서 디앱(바로 뒷부분 사례 참조)을 개발, 활용하는 데 주력하고 있다.

리스크에서 만든 동명의 플랫폼 '리스크'는 자바스크립트 형식의 분산 형 응용프로그램(탈중앙화 애플리케이션)을 개발, 배포하는 차세대 플랫폼이다. 웹 개발자들은 리스크 플랫폼을 이용해 분산응용 프로그램을 제작, 발표, 배포하고 내부 암호화폐를 발행(수익화)할 수 있다. 애플리케이션에는 맞춤식(사용자 지정) 블록체인, 스마트 콘트랙트, 클라우드 스토리지, 컴퓨팅 노드 등의 기능이 탑재된다.

리스크는 분산형 응용프로그램 개발 솔루션으로는 최초로 Node. js(노드JS–자바스크립트보다 한 단계 확장된 소프트웨어) 언어로 설계됐다. 따라서

비동기 방식(데이터를 전송하는 방식의 하나로 주로 유럽지역에서 사용)으로 작동하며 네트워크상의 거래를 비롯한 각종 작업을 지체 없이 신속히 처리할 수 있다. 또 SQLite 데이터베이스를 채택하여 다양한 쿼리(DB언어,query)를 활용하면 실행하기도 쉽다. 리스크의 전단(front-end 시스템 전면에서 사용자가 외부의 입력을 받아들이는 시작점-역주)에는 웹문서 제작용 프로그래밍 언어와 스타일시트로 HTML5와 CSS3가 각각 장착된다.

이처럼 리스크 생태계에는 보편화된 표준 언어가 깔려 있으므로 애플리케이션 개발 시 별다른 언어를 추가할 필요가 없다. 자바스크립트와 Node.js에 익숙한 웹 개발자라면 별도의 적응 기간 없이 처음부터 손쉽게 분산형 응용프로그램, 즉 탈중앙화 애플리케이션을 제작할 수 있다.

리스크의 주목적은 애플리케이션의 기획·설계·생성·발표에서 가상통화 발행에 이르기 까지 개발의 전 단계를 단 하나의 플랫폼에서 처리하는 플러그 앤 플레이(plug-and-play) 시스템을 구축하는 데 있다. 개발자는 기존의 댑스 자바스크립트Dapps Javascript를 '리스크 호스팅 및 스토리지 노드'Lisk Hosting & Storage Nodes에 배열한 다음, '리스크 앱 스토어'Lisk App Store에 들어가 리스크 컴퓨팅 노드Lisk Compute Nodes에 접근하면 암호코드를 실행할 수 있다. 아울러 리스크의 사이드체인에 합의 기능이 탑재되어 있어 완전성과 보안성 문제에 대한 염려 없이 안심하고 개발을 진행할 수 있다.

리스크 생태계에서 이뤄지는 노드 작업은 사용자와 리스크 대표자가 하며, 작업 수당은 생태계 내의 '자동 수당청구 시스템'(리스크 대표자의 경우 네트워크)을 통해 리스크 고유 암호화폐인 LSK로 지급된다.

| 관련사례 |

**\*디앱이란?**

「디앱은 블록체인 채굴자들의 기부금으로 운영되는 분산 응용 프로그램(탈중앙화 애플리케이션)이다. 재정 사정이 여의치 않은 개인과 업체를 대상으로 애플리케이션 배포와 운영 비용(전력 사용, 데이터 저장, CPU 가동, 유지관리)을 보조해준다. 보조금 소진 후 CPU 용량 및 데이터 저장 공간이 추가로 필요할 경우에도 유연하게 대응하는 것이 장점이다.」

② **스텔라 합의 프로토콜(SCP, Stellar Consensus Protocol)**

스텔라Stellar.org는 SCP라는 FBA(연합형 비잔틴 합의) 방식 프로토콜을 제공한다. SCP는 비트코인에 착안해 고안된 최초의 FBA 기반 프로토콜로서 연산 수행능력이 불충분한 환경이나 해커 공격 등의 비정상적인 상황에서도 보안을 유지한다. 현존하는 대부분의 합의 프로토콜과 어떻게 다른지, 다음의 4가지 주요 특징을 살펴보자.

• 분산 제어Decentralized control : FBA 방식의 합의 프로토콜에 의해 시스템이 비정상적으로 작동할 시에도 확고한 보안을 보장한다. 자원 투입 필요량이 적어 사용자의 진입 장벽이 낮다.

• 저지연성Low latency : 노드 사이의 전달 시간을 최소화한다. 웹 응답이나 온라인 결제의 경우처럼 아무리 늦어도 몇 초 안에 합의에 도달

한다.

- 신뢰의 유연성Flexible trust : 선의의 거래자만을 판별해 신뢰함으로써 신속한 합의에 도달한다.

- 점근적 보안성Asymptotic security : 디지털 서명과 해시 패밀리hash family 기법을 통해 보안성을 점진적으로 조밀하게 확보한다. 상상을 초월하는 막강한 연산능력을 가진 해커가 침입할 경우 디지털 서명과 해시 패밀리의 매개변수를 조정해 시스템을 보호한다. 해커의 연산능력이 향상되면 패스워드를 더 길게 만든다.


### ③ 리플

2012년 출범한 리플Ripple 네트워크는 '모든 금액대의 글로벌 금융 거래를 확실한 보안 체계와 제로에 가까운 수수료로 차지백(chargeback, 제품 하자 시 결제 취소 혹은 환불을 요청하는 것-역주)의 우려 없이 즉각적으로 처리'한다. 신용화폐(명목화폐)와 암호화폐, 항공 마일리지, 휴대전화 통화시간, GPS상의 거리 등 가치 측정이 가능한 모든 거래를 취급한다.

리플은 화폐 교환을 위한 프로토콜(통신규약), 다시 말해 '금전(결제)용 http'로 정의할 수 있다. http처럼 별도의 허가 없이 누구나 자유롭게 사용하고 비트코인처럼 화폐로 거래할 수 있다.

시가총액 기준, 현재 비트코인와 이더리움에 이어 세계 3위 규모의 암호화폐로 발돋움했다.

최근 결제 기술로 리플 프로토콜을 채택하는 은행 및 결제 네트워크

비파괴적 신뢰혁명 기술 블록체인

가 점점 늘어나는 추세다. 세계 50위권 대형 은행 중 10곳에서 리플을 도입했다. 요컨대 리플은 프라이빗 블록체인(또는 허가형 블록체인)이라 할 수 있다.

### ④ 아이오타IOTA

사물인터넷 도입이 꾸준히 확대됨에 따라 상호 운용과 자원 공유의 필요성이 점점 커지고 있다. 아이오타는 이에 부응하기 위해 개발된 차세대 B2B 모델로 기업의 기술 자원을 활용해 공개 시장에서 수수료 없이 실시간으로 서비스를 교환할 수 있게 한다.

아이오타는 채굴이 필요 없는 최신 분산원장 탱글[1]Tangle을 자체 개발해 이를 기반으로 작동한다. 탱글을 통해 현행 블록체인의 태생적 비효율성을 극복하고 분산형 P2P 시스템에 기초한 합의 도달 방식을 확립했다. 그 결과 사상 최초로 수수료 없는 송금 시대를 열었다. 진정한 의미의 소액결제를 구현해 아무리 적은 금액도 전송할 수 있다. 이를테면 상대방이 보낸 나노급 액수까지도 받을 수 있게 됐다.

아이오타는 비트코인, 이더리움 등의 타 블록체인과 함께 운영할 수 있는 것이 특징이다. 현재 베타 버전이 출시돼 있다.

특징 :

---

1  탱글(Tangle): 트랜잭션(거래) 데이터를 저장하는 분산원장으로 블록과 체인 없이 트랜잭션만 있는 블록체인이다(엄밀한 의미에서 블록체인 범주에 속한다고 할 수 있을지). 확장성, 수수료 제로, 무결성(데이터 손실/파괴 방지), 양자 컴퓨팅 보호 등의 기능을 구현한 최초의 분산원장이다.

- 아이오타는 블록체인처럼 거래내역이 순차적으로 저장된 블록 연속체가 아니라 탱글이라는 DAG(단일 방향성 비순환 그래프directed acyclic graph) 형태의 데이터 구조를 채택했다. 이에 따라 탱글 기반 암호화폐로 분류된다.
- 탱글(DAG형태의 대규모 거래원장)은 P2P 네트워크의 노드들이 실행하는 거래들로 구성된다.
- 신규 거래 발생 시 거래 당사자들의 바로 전 거래한 2건의 적법성을 검증한다. 사용자가 직접 검증하므로 수수료가 적게 든다. 이러한 교차인증 방식을 통해 네트워크 보안을 확보한다.
- 예컨대 A거래와 B 거래가 사전에 고의적으로 연결된 정황이 없고, 거래 1건당 블록 1개가 생성된 후 자체 검증을 하는 시스템으로 (둘 사이의 거래가 2개 이상일 경우)거래 당사자가 다른 거래 2개를 대신 검증해 줌으로서 A가 B를 간접적으로 승인했다고 한다.

### ⑤ 하이퍼레저Hyperledger

"비즈니스에 실제 적용되는 즉 실용적인 기업형 블록체인을 만들자"

하이퍼레저는 2015년 12월 블록체인 기술의 산업 전반 확대를 위해 컨소시엄 형태로 결성된 오픈소스(소스코드 무상 공개-역주) 프로젝트다. 세계 유수의 기업(액센추어, 에어버스, 디지털 에셋, IBM, 인텔, JP모건, R3CEV...)이 회원사 자격으로 주도하고 리눅스 재단이 관리하는 협력 프로젝트다. 블록체인 기술, 구체적으로 분산원장 기술을 개발해

비파괴적 신뢰혁명 기술 블록체인

일선 기업들의 현실적 요구에 부응하겠다는 취지로 기획됐으며, 2016년 말 기준 100개 회원사를 확보해 리눅스 재단 프로젝트를 통틀어 가장 빠른 성장세를 보이고 있다. 기술 기업(IBM, 인텔, 후지쯔, 디지털 애셋, R3 등) 이외에도 다양한 분야의 기업들(에어버스, JP 모건, 암웨이)이 회원사로 포진하고 있다.

하이퍼레저의 핵심 프로젝트는 패브릭Fabric이다. IBM 연구소는 블록체인 오픈소스 공개 결정 후 패브릭 소스코드의 상당 부분을 공개함으로써 업계 전반에 보편적으로 이용되는 '허가형 분산원장'을 개발하겠다는 강력한 의지를 표명했다. 허가형 분산원장은 퍼블릭 블록체인(블록체인, 이더리움 등의 암호화폐 기반 블록체인)과 달리 사전에 허가된 사용자만이 합의 과정에 참여한 후 노드가 될 수 있고, 이 때문에 업계 규제 차원에서 합의 참여자의 신원 확인 및 인증을 의무화하고 있다.

하이퍼레저를 이끄는 대규모 협력체는 업계에서 안심하고 사용할 수 있는 블록체인 소스를 제공하겠다는 포부로 소프트웨어 구성요소 및 표준 플랫폼 개발에 박차를 가하고 있다. 실무에 바로 적용할 수 있는 공공원장을 고안하고 회원사들의 현장 경험을 십분 반영하여 (구매 직후 활용 가능한) '기업형' 블록체인을 구축할 계획이다. 컨소시엄 내 개별 회원사들은 각기 필요에 따라 최적화 된 블록체이인을 구축한 후 거래내역과 자동실행계약서 등록 방식, 인증 기준, 합의 메커니즘, 정보보안 기준, 접근 방식 등의 분산원장의 일반적 사항에 관해 결정할 예정이다.

하이퍼레저 기술은 블록체인의 전형적인 기능(분산원장, 탈중앙화, 무결성, 스마트 콘트랙트 적용) 외에도 기업 실무에 실용적인 기능을 디폴트 형식(자동실행 설정)으로 추가 탑재하고 있다.

하이퍼레저의 특징 :

• 익명 보호 : 공동원장에 등록되는 모든 거래에 대해 거래자 신원을 공개하지 않을 수 있다. 익명 보호는 운영 규칙상 필수불가결하며 하이퍼레저 고유의 경쟁력과 노하우를 지키는 방편이기도 하다. 금융결제 또는 개인 간 거래시에 거래자 개인정보 연동이 불가하다.

• 맞춤형 합의 알고리즘: 사용 목적에 맞게 합의 방식을 조정할 수 있다. 비분산형 시스템에 가까운 수준으로 합의 알고리즘을 설정할 수 있다.

• 보안 유지: 개인정보 보호를 위해 거래 내역을 암호화하여 네트워크 사용자들이 접근 가능한 정보 범위를 설정할 수 있다.

• 감사 기능: 거래 장부를 감독, 검사할 수 있다.

• 확장성: 대용량 거래를 끊임없이 처리할 수 있다.

| 관련사례 |

**\*하이퍼 레저 활용 사례**

「다양한 금융 프로젝트에 하이퍼레저 코드가 활용되고 있다. HSBC와 뱅크오브아메리카

(BoA)의 경우 은행신용장 합리화 프로젝트에 하이퍼레저를 시범 적용함으로써 수출입 관계의 두 기업과 양측 거래 은행이 주고받는 수출입신용장을 하이퍼레저 기반 '자동실행 스마트 콘트랙트'로 재편했다. 프랑스계 은행 '크레디 뮈튀엘 아르케아'는 고객정보 사내 공유를 위한 '고객알기제도'에 하이퍼레저를 활용할 방침이다. 네덜란드계 은행 ABN AMRO는 금융정보 표준화에 이를 적용해 조직 재정비와 재건에 나설 계획이다. 미국계 유통기업 월마트는 중국산 수입 돼지고기의 유통이력 관리에, 일본거래소그룹Japan Exchange Group은 PMS(의약품 시판 후 안전성 검사)에 하이퍼레저를 활용하는 방안을 검토 중이다. 핀란드계 기업 코우볼라는 사물과 하이퍼레저를 연동해 한층 더 지능적인 유통망을 구축하겠다는 의욕을 드러냈다. 스위스계 금융기업 UBS는 블록체인 기술을 2년간 사용해보고 분산원장 기술 기반의 글로벌 수출입 금융 시스템을 본격 도입하겠다는 입장이다.」

## ⑥ 인터레저Interledger

인터레저는 리플 랩스Ripple Labs에서 개발한 블록체인으로 분산원장 간 거래 연동을 위한 공개 프로토콜이다. 블록체인과 타 분산원장을 연계하므로 네트워크(원장) 간 거래·지불이 가능하다. 신탁제도를 통한 원장 간 자금 이동도 가능하다. TLA+[1] 프로토콜에 착안해 고안됐고 현재 아마존의 크리티컬 시스템에 활용되고 있다. 비트코인과 달리 블록체인 없이도 작동하는 것이 특징이다.

## ⑦ 텐더민트Tendermint

---

1 TLA+는 Temporal Logic of Actions(시간논리구조의 실행 방식을 표현한 구조)의 약어로 레슬리 렘포트(Leslie Lamport)가 개발했으며 통상적인 분산 알고리즘 연구에 활용된다. 시간에 관한 논리구조가 언제 어떻게 이루어져야 하는지를 설명한다.

텐더민트는 하나의 애플리케이션을 다수의 컴퓨터에 적용할 때, 보안 상태에서도 안정적이고 일정하게 애플리케이션을 복제할 수 있는 프로토콜이다. 전체 컴퓨터의 3분의 1까지 장애가 발생해도 시스템이 정상 작동한다(비잔틴 장애 허용 합의 알고리즘).

텐터민트를 구성하는 기술은 크게 두 가지로 '블록체인 합의 엔진'과 '애플리케이션 인터페이스'다. 합의 엔진은 '텐더민트 코어Core'라 하며 거래 생성 시 거래 내역이 네트워크상의 모든 컴퓨터에 동일한 방식으로 등록되게 한다. 애플리케이션 인터페이스는 '텐더민트 소킷 프로토콜'이라 하며 어떤 거래든 프로그래밍 언어에 상관없이 처리할 수 있게 한다. 이처럼 텐더민트를 사용하면 기존의 '블록체인 솔루션'이나 '합의 솔루션'과 달리, 프로그래밍 언어와 개발 환경에 관계없이 '비잔틴 장애허용 합의 알고리즘'기반 애플리케이션을 복제할 수 있다.

### ⑧ 모낙스Monax

모낙스는 중앙 서버 없는 분산형 웹 애플리케이션의 구축에 필요한 플랫폼을 제공한다. 이더리움 네트워크에서 생성된 분산형 블록체인 기반을 활용해 애플리케이션을 구축하는데 이때 이더리움 네트워크가 분산형 합의를 위한 서버 역할을 한다. 사용자 인터페이스는 HTML, CSS, 자바스크립트 언어로 제작된다. 따라서 모낙스 플랫폼을 이용하면 웹 포럼, 크라우드펀딩 웹 플랫폼, 마켓 플레이스 등 현존하는 모든 종류의 웹 애플리케이션을 분산형 애플리케이션으로 재구성할 수 있다. 2014년 에리스 인더스트리Eris industries라는 이름으로 설립 했다가 2016년10월에 모낙스로 변경됐다.

### ⑨ R3CEV의 코다

2015년 12월 초 미국계 핀테크 기업 R3CEV는 은행·금융기업용 분산원장 기술인 코다Corda의 소스코드를 공개했다. 모두 다섯 종류의 스마트 콘트랙트가 포함된 시험 버전이었다. 개발 관계자들은 코다 시스템이 기존의 블록체인 기반을 활용하지 않는다는 점을 강조했다.

백서의 설명을 보자. "코다는 금융거래의 등록, 처리에 최적화된 분산원장 플랫폼이다. (...중략) 비트코인이나 이더리움처럼 연속된 블록 형태로 거래 내역을 정리하지 않으므로 채굴 또는 작업증명 방식을 사용하지 않는다. 대신에 '오라클' 서비스를 비롯해, 일종의 '공증인' 역할을 하는 게이트웨이(gateway, 개별 컴퓨터와 호스팅 컴퓨터를 연결하는 관문 장치-역주)가 깔려있다. 각각의 게이트웨이로 유입되는 거래 정보가 모두 일치해야 합법적 거래로 인증된다.

코다 네트워크의 사용자들은 모든 연산 작업이 실행되는 레지스트(기록부)에 접근할 수 없으므로, 시스템에서 관리하는 거래 데이터를 부분적으로만 열람할 수 있다. 최소한 두 명 이상의 거래 당사자가 합의하고 나머지 사용자들도 합의 과정에 참여할 때 적법한 거래로 승인된다. 코다 클라이언트는 복합키를 사용해 거래 데이터에 접근할 수 있다. 플랫폼의 허가 아래 연산 작업에 참여하는 제3자들에게는 여분의 키를 지급할 수 있다.

코다를 하나의 시스템으로 봤을 때 가장 중요한 특징은 스마트 콘트랙트 실행 기능이 탑재돼 있다는 점이다. 현재 버전에서 제공하는 스마트 콘트랙트는 다섯 가지이며 캐시Cash, 커모디티(상품), 커머셜 페이퍼(상업어음), 금리 스왑(고정금리와 변동금리의 변환), 어블리게이션(채권채무Obligation)이다. 모두 시간 연동이 가능하다고 개발자들은 설명한다. "코다의 스마트 콘트랙트는 공증인(오라클) 서비스를 통해 정해진 시간 내에 실행되며 미국해군천문대의 원자시계와 동기화 되어있다." 아울러 사용자들은 스마트 콘트랙트 샘플을 결합, 수정해 각자의 필요에 따라 유일무이한 스마트 콘트랙트를 제작할 수 있다. 코다 개발팀에서 출시한 교육용 소프트웨어에 현재 버전의 구성요소로 간단한 구조의 스마트 콘트랙트를 제작(코딩)하는 방법이 안내돼 있다.

현재 코다 플랫폼은 시험 단계에 있다. 개발사 R3CEV는 지속적인 연구개발 활동을 목표로 뱅크오브아메리카, JP모건, 크레딧스위스, 바클레이, 도이치방크, HSBC, 시티은행, 코메르츠방크, 소시에테제네랄 등 세계 주요 은행을 후원사로 확보해놓은 상태다.

⑩ 비어체인beAchain, 객체 지향 블록체인(OOB)

비어체인은 전문적인 IT 기술 없이도 보안용 P2P 응용 프로그램을 개발할 수 있는 블록체인 솔루션이다.

컴퓨터, 태블릿, 스마트폰 등의 네트워크 연결 객체뿐 아니라 센서,

차량, 주거환경, 의류, 가전제품, 드론 등의 사물인터넷 연결 객체와도 교류하도록 설계된 블록체인을 일컬어 '객체 지향 블록체인(object oriented blockchain, OOB)'이라 한다. 객체 지향 블록체인은 객체 간 상호 작용, 데이터 비교, 상호 검증 후 고유 알고리즘에 따라 트랜잭션(거래) 수락 여부를 결정하고 초당 수만 개 거래를 생성한다. 비어체인은 이 객체 지향 기능을 구현하기 위해 초밀도 암호화 기술과 초고속 프로세스가 장착된 탁월한 성능의 프로토콜 기반을 활용한다.

비어체인은 상호 연결된 객체 그룹을 통합해 *일시적 가상조직을 생성한다. 일시적 가상조직은 종래의 기업을 대체하는 경제 개발 모델로 주목받고 있다. 주소·건물·물류창고·재고 등이 필요 없고 운영비나 대규모 인건비가 발생하지 않는 탈중앙화(분산형) 자율 생산 조직으로서 사용자들이 자발적 혹은 자체적으로 구축하는 '일시적 계약제도'를 토대로 운영된다. 일시적 계약제도 이용 시 '인공지능(AI) 인터페이스'를 이용해서 각종 언어(영어, 프랑스어 등)로 스마트 콘트랙트를 작성하면, 비어체인 알고리즘에서 암호화 코드로 자동 변환된다. 완성된 스마트 콘트랙트는 내부 관계자들이 미리 사용해보고 수정한 후 공개할 수 있다. 비어체인에 속한 모든 객체는 암호화폐 보유, 다른 객체와의 상업적 계약(스마트 콘트랙트) 체결이 가능하다. 특정 작업 수행에 배치되거나 거래 인증을 위한 합의 과정에 참여할 수도 있다. 이를테면 응용 소프트웨어를 이용해 사물인터넷에 연결할 차량을 설정할 수 있다. 또는 선택적으로 열 감지기만 연결하고 특정 프로토콜 기반의 스마트폰은 연결에서 제외시킬 수 있다. 스마트 콘트랙트를 실행 중인 컴퓨터는 개인키 및 공개키 방식의 보안이 확실한 암호체계, 즉 양자내성 암호(양자컴퓨터의 공격에도 정보 보안 체계가 흔들리지 않는 안전한 암호—역주)를 통해 보안 인증을 받는다. 이처럼 고강도 암호화 프로토콜 기반의 비어체인은 '프라이빗·퍼블릭·하이브리드 블록체인'의 특성을 골고루 갖고 있어 산업(자동차, 에너지, 재고관리, 유통이력추적), 온라인 서비스(금융 결제, 거래 인증, 보험 등), 이벤트 기획(문화, 교육, 스포츠 이벤트), 미디어 페이 퍼 뷰(pay-per-view, 프로그램 1편당 시청료 지불 방식—역주), 교통(공유 자전거, 수하물, 교통편 예매), 사물 간 계약(3D 프린터용 파일포맷, 3D 프린팅), 공유 또는 팹랩(fab lab, 디지털 기기를 구비한 공동 작업 공간—역주) 플랫폼, 디지털 시민권(투표, 참정, 표결, 공동결정) 등의 다양한 분야에 활용할 수 있다.

| 관련사례 |

**\*일시적 가상조직 QVO(Quick Virtual Organization)**

「비어체인의 개발 모델인 일시적 가상조직(QVO)은 일시적 가상기업과 동일한 모델화 기술로 고안됐지만 기업 비즈니스보다 문화·정치·사회·스포츠 분야에 최적화되어 있다. '수행목표'와 '수행단계'를 설정하는 방식으로 작동한다. 개념상 이더리움의 탈중앙화 자율조직(DAO)에 가깝지만, 지속시간이 아닌 수행목표를 기준으로 한다는 점에서 차이가 있다.」

비파괴적 신뢰혁명 기술 블록체인

# 요 약

이번 2장에서는 '비트코인 블록체인'의 기술 발전상을 단적으로 보여주는 분산원장, 프로토콜, 합의 메커니즘에 관해 살펴보고, 비트코인 블록체인이 P2P 플랫폼을 기반으로 암호화폐 거래에 대한 합의를 도출하는 블록체인으로서 암호화폐 '비트코인'과 상호 연계되어 있음을 이해했다.

2008년 나카모토 사토시가 창안한 비트코인은 제3자 신뢰기관(대표적으로 은행)을 배제하고 자체 프로토콜과 기술을 기반으로 신뢰와 보안이 확실한 거래를 구현하는 탈중앙화 플랫폼이다.

**'비트코인 블록체인'에서 생성되는 모든 거래는 암호화되고 익명성과 정보보안이 보장되며 사실상 해킹이 불가능하다.** 암호화된 거래 내역은 블록체인에 분포하는 모든 컴퓨터에 분산 저장되지만, 거래 정보를 수집, 저장하고 중앙에 집중시킨 후 재분배하는 중앙서버가 없다. 외부 기관의 개입 없이 순전히 개인 간의 신뢰와 합의에 따라 거래가 인증되는 철저히 수평적인 기술이다.

블록체인[1]은 가공할 잠재력과 무한대의 활용도로 그 존재감을 당당히 입증하고 있다. 비트코인을 이용한 금융거래에 그치지 않고 적용 분

---

1  골수 비트코인 지지자들은 이 세상의 블록체인은 비트코인 블록체인뿐이라 하지만, 이더리움 지지자들은 이더리움 블록체인을 포함해 두 개가 존재한다고 주장한다. 그런가 하면 P2P 방식의 수평적이고 합의적 형식의 거래가 이뤄지는 분산형 거래장부(분산원장)를 통틀어 블록체인으로 보는 부류도 있다. 이들은 블록체인을 '퍼블릭 블록체인'과 '프라이빗 블록체인' 그리고 이 둘을 절충한 '하이브리드 블록체인'으로 분류한다.

야를 차츰 넓혀가고 있다.

2014년, 혈기 왕성한 청년 프로그래머 비탈리크 뷰테린이 이더리움이라는 또 다른 블록체인 플랫폼을 고안했다. 이더리움은 비트코인 기술에 기반해 개발됐지만 활용 가치 면에서 비트코인을 앞서는 것으로 주목받았다. 이른바 세계를 하나로 묶는 '글로벌 컴퓨터'의 형태로 세상에 모습을 드러냈다. 이더리움 네트워크에 연결된 모든 컴퓨터는 정보교환과 공유, 상호 협력, 역할 분담을 통해 데이터를 생성하며 데이터는 암호 형태로 블록에 담겨 네트워크상의 모든 컴퓨터에 수평적으로 분산 저장된다.

아울러 리스크 리플, 아이오타, 하이퍼레저, 인터레저, 텐더민트, 모낙스, 코다, 비어체인 등의 다양한 블록체인이 속속 등장하면서 블록체인을 향한 도전에 새로운 지평이 열리고 있다.

블록체인은 **특이성**(채굴 활동의 유무에 따라 퍼블릭 또는 프라이빗), **프로토콜**(작업증명PoW, 지분증명PoS), **알고리즘**을 기준으로 분류된다. 종류마다 공통된 속성이 몇 가지 있다. 첫째로 데이터가 중앙에 집중되지 않고 블록에서 암호화된 후 네트워크상의 모든 컴퓨터에 일괄적으로 분산 저장된다. 둘째로 금융거래, 암호코드 실행, 데이터 연산 등의 거래와 관련된 활동이 블록체인 사용자간의 합의에 따라 승인된다.

블록체인은 자체 프로토콜이 설정된 플랫폼 환경에서 스스로 가치를 창출한다. 자율주행식 전기 자동차가 스마트폰을 통하지 않고 요금

지불과 결제를 하듯이, 블록체인도 부수적 장치 없이 거래 활동을 수행한다. 해킹과 위변조가 불가능하고 보안 기능이 확실한 계약 프로토콜(예: 스마트 콘트랙트)을 이용해 개인이든 단체(기업,협회 등)든 자신에게 필요한 애플리케이션을 원하는 만큼 생성할 수 있는 범세계적 플랫폼이다.

바야흐로 우리는 사물인터넷(IoT)과 AI(인공지능)와 P2P 기술(블록체인)이 융합된 세상으로 진입하고 있다. 상호신뢰 시스템과 자체 프로토콜을 토대로 실시간 검증을 하는 수평적 거래 시스템에 기초하여, 중앙통제기관 없이 분산 공개 방식으로 경제적 가치를 교환하는 시대가 눈앞에 다가왔다. 이토록 혁명적인 패러다임을 이제 어떻게 실전에 적용할 것인가 하는 일만 남았다.

BLOCKCHAIN

## Chapter 03

# 블록체인 활용하기

"근본적인 혁신은 변화를 기회로
받아들이려는 마음가짐에서 시작된다"
– 피터 드러커 Peter Drucker –

# 블록체인 활용 사례

블록체인 기술이 날로 진화하고 있지만 기존 관행에서 변경, 쇄신할 부분이 너무 많아 변화의 흐름을 받아들이기가 녹록치 않은 것이 사실이다. 금융권에서 블록체인을 본격 도입할 경우 변화의 최대 수혜자는 단언컨대 가치 사슬의 맨 끝에 있는 노드, 즉 참여자(가상화폐 발행자, 투자자)가 되고 중개자(신뢰 가능한 제3자)는 부가가치 정도만 취하게 될 것이다.

## 블록체인 기술의 기본 원칙

블록체인은 제3 인증기관 없이 사용자가 직접 최소 비용으로 정보를 저장, 교환, 검증, 승인함으로써 정보의 투명성과 보안성을 동시에 확보할 수 있는 전대미문의 탈중앙화 솔루션이다. 어떤 분야에 활용할 수 있을까.

블록체인은 제3인증기관 없이 사용자가 직접 최소 비용으로 정보를 저장, 교환, 검증, 승인함으로써 정보의 투명성과 보안성을 동시에 확보할 수 있는 전대미문의 탈중앙화 솔루션이다.

어떤 분야에 활용할 수 있을까.

중앙집중형 조직
전자상거래—commerce 플랫폼
(아마존, 우버)

탈중앙형 조직
개인간 거래 플랫폼
(이베이eBay)

분산형 조직
블록체인 플랫폼
(오픈바자Bazar, 아케이드시티)

### ① 중앙 집중화 vs 탈중앙화

탈중앙화decentralization 속성은 비단 비트코인 블록체인의 전유물은 아니다. '중앙집중화와 탈중앙화'의 개념 차이를 비교해보면 디지털 기술이 얼마나 다양하고 무궁무진한지 알 수 있다. 일례로 인터넷은중앙집중형 시스템이지만 이메일은 SMTP(Simple Mail Transfer Protocol, 간이 전자우편 전송 프로토콜)에 기초한 '탈중앙형 시스템'과 '개방형 표준시스템'이 핵심을 이룬다[인스턴트 메시지와 텍스트 메시지의 경우 중앙집중형 또는 탈중앙형으로 구분할 수 없는 하이브리드(절충형) 모델을 채택함]. '소셜 네트워크'의 경우 개발자, 기업, 지지층이 중앙집중형 모델의 대안을 모색하기 위해 의기투합하고 부단한 노력을 펼쳐왔지만 여전히 중앙집중형 시스템에 머물러 있다. 이 시장을 지배하는 페이스북과 링크드인(LinkedIn−구인구직 서비스에 SNS 기능을 결합한 서비스)도 비슷한 상황이다. 중앙집중화 모델이냐, 탈중앙화 모델이냐의 논쟁은 디지털 시대 이전부터 시작되었다. 가령 전화, 라디오, 텔레비전, 영화를 둘 중 어떤 모델로 볼 것인가에 대해 상충된 시각이 늘 있었다. 그런데 사실상 그 어떤 시스템도 순수하게 중앙집중형이거나 탈중앙형일 수가 없다.

이를테면 e−메일은 기본적으로 SMTP 표준 프로토콜을 사용하는 탈중앙형 시스템으로서 누구나 메시지 서버를 이용해 이메일을 전송할 수 있지만, 시장 동향을 보면 소수의 중앙집중형 업체들이 독점하고 있다. 비트코인의 경우도 마찬가지다. 프로토콜은 탈중앙형이지만 비트코인을 타 가상화폐로 교환하는 비트코인 환전서비스, 전자지갑 소프트웨어, 비트코인 관리 소프트웨어는 중앙집중형과 탈중앙형을 불문하고 그 종류가 다양하다.

② 분산 합의distributed consensus

분산형 시스템을 구축하거나 사용할 때 최우선으로 해결해야 할 기술적 문제가 바로 참여자 간 합의 도출이다. 합의는 블록체인만의 특징적 개념이자 블록체인 기술을 통틀어 단연코 차별화되는 핵심 기술로 꼽힌다. '비트코인 블록체인'과 '이더리움 블록체인'은 작업증명 또는 채굴 방식을 합의 알고리즘으로 사용하고, 캐스퍼Casper 외 기타 블록체인은 지분증명 방식을 사용한다. 분산합의 기술은 활용 분야가 방대하다. 모든 환경에 천편일률적 방식으로 적용하지 말고 어떤 모델을 채택

---

1  이더리움 블록체인의 근간이 되는 DAO(탈중앙화 자율조직)의 요체가 바로 분산형 조직이다. 이로써 이더리움 블록체인은 사상 최초의 완전한 탈중앙화 분산형 블록체인으로 자리를 굳혔는데 이후로 동종 계열의 블록체인이 나오지 않고 있어 기존 참여자들은 이더리움 블록체인 내에서만 상호작용할 수밖에 없다. 이더리움 블록체인으로 대표되는 분산형 조직은 100% 투명하게 관리되며 참여자 간 자금이체 및 거래가 공개되는 것이 특징이다.
2  오픈바자(OpenBazaar): 기업도 조직도 아닌 온라인 상거래 서비스의 일종이다. 중개자가 필요 없는 P2P 응용프로그램으로서 수수료나 제약조건이 없다. 누구나 자유롭게 거래할 수 있는 공간을 제공한다.
3  아케이드 시티(Arcade City): 기업이 아닌 지역사회가 주축이 되어 네트워크를 구축하는 P2P 프로그램이다.

비파괴적 신뢰혁명 기술 블록체인

하고 어떤 형태의 거버넌스(공동체의 의사결정 방식-역주)를 사용할지 등을 충분히 고려해야 한다. 특히 '작업증명' 방식은 막대한 채굴 인력과 전력 소비가 필요해 선택되지 않는 경우가 종종 있다(채굴 관련 설명은 2장을 참조할 것).

### ③ 탈중개화 disintermediation

이른바 '제3신뢰기관의 철폐'로 대변되는 '탈중개화 속성도 블록체인 기술의 주된 속성으로서 블록체인이 중개자 없이 운영됨을 보여준다. 일례로 쌍방이 블록체인이 아닌 기존 방식으로 거래할 경우 결제인(지불/송금인)의 보유 자산이 충분한지 확인하고 거래 승인 여부를 결정하는 등 모든 절차를 은행에서 전담하게 된다. 은행이 중개자 겸 제3신뢰기관의 역할을 하는 셈이다.

반대로 쌍방이 블록체인을 통해 거래할 경우에는 블록체인 시스템에서 직접 거래를 인증한다. 제3신뢰기관에 인증 요청을 할 필요 없이 정보와 거래의 합법성을 자체 인증하는 기술이 시스템 내부에 장착돼 있기 때문이다. 아울러 누군가 불순한 의도로 정보 조작을 시도하더라도 블록체인에 저장된 거래 내역을 전부 변경해야 하므로 정보의 위변조가 일절 불가능하다. 따라서 금융기관 중개 제도를 '철폐'하고 분산원장 기술을 도입하면, 중앙기관의 통제가 아닌 구성원 간 분산 합의를 통해 거래의 승인 또는 거절이 결정된다. 나아가 블록체인 도입의 결과로 제3신뢰기관이 사라짐으로써 인간의 모든 활동이 '수평화'되리라 예견하는 전문가들도 있다.

## 지유 바비네[1]의 분석

"블록체인은 우리 인류에게 기술 혁명 이상의 영향력을 행사하는 진정한 의미의 인류학적 혁명으로 기록되고 있다. 오픈소스와 팹랩(fab lab 디지털 기기를 공유하는 사무 공간-역주)으로 대변되는 새로운 시대가 밝아옴에 따라 장담컨대 블록체인의 역할이 막중해질 것이다. 과거 인터넷이 정보의 족쇄를 풀어놓았듯 이제 블록체인은 탈중앙화 방식의 거래인증 기술로 인간이 하는 모든 거래를 중앙권력의 통제로부터 해방시킬 것이다."

바야흐로 블록체인의 출현으로 세상이 바뀌고 있다. 전통적으로 중앙 기관들이 독점했던 신뢰 인증의 역할이 인류 사회를 수평화하려는 광대한 변화의 물결을 타고 사용자가 주체가 되는 공동체로 이동하고 있다.

④ **보안성**security

정보가 특정 장소에 저장되지 않고 네트워크 전체에 분산 저장되는 탈중앙형/분산형 시스템의 기본 속성을 일컬어 보안성이라 하며 다수의 통신기기(컴퓨터, 스마트폰, 스마트 객체 등)가 연결된 네트워크에 보안 기술이 적용된다. '비트코인 블록체인'의 경우 보안 정책상 네트워

---

1    지유 바비네(Gilles Babinet)는 다수의 기업체를 설립한 프랑스 출신 경영인이다. 유럽연합 집행위원회 소속 디지털 교육위원 디지털 챔피언(Digital Champion) 프랑스 대표를 역임하고 있다.

비파괴적 신뢰혁명 기술 블록체인

크에 분포하는 각 참여자(노드)를 고유 어드레스(주소)로 식별한다. 어드레스는 시스템 가입 시 할당되며 이후 모든 거래에 사용된다.

블록체인 보안 문제는 2장 '51% 공격'에 자세히 설명되어 있다.

## ⑤ 투명성과 불변성

블록체인은 특성상 누구나 자유롭게 거의 무료로 사용할 수 있어 모든 정보가 투명하게 관리된다. 플랫폼 소스코드의 정보, 블록체인 생성 후 발생한 모든 거래 및 이벤트 내역을 누구든지 열람할 수 있다. '블록체인화(化)'된 시스템은 기록 취소와 위변조가 일절 불가능하다. 다시 말해 한 번 시스템에 등록된 정보는 영구 저장되며 참여자 전원의 조회가 가능하다.

| 관련사례 |

**\*임상실험**

「소중한 생명을 다루는 임상실험 분야에서 무결성(integrity, 데이터가 훼손·손상·변조로 인해 변경되지 않고 완전한 상태를 유지하는 특성)과 투명성 훼손 문제로 최근 몇 년 사이에 논란이 증폭되고 있다. 투명성 보장 시스템을 갖춘 제약회사는 정보 위변조가 원천적으로 차단되므로 회사 측이나 연구진이 임상실험 데이터를 임의로 조작할 수가 없다.

케임브리지대학교 연구진은 임상실험 데이터의 투명성 제고를 위한 해결책으로 구성원 개개인이 상호배타적으로 임상실험 프로토콜을 검증하는 블록체인 기반 시스템을 고안했다. 블록체인의 주요 특성 중 하나인 불변성이 해결의 열쇠였다. 연구진에 의해 개발된 '개념증명'[1] 시스템은 이론이 실제에서도 우발적 사고 없이 똑같이 구현됨을 증명하는 것으로, 사전 테스트 및 프로토콜 수정을 통해 실제 결과와 예측이 일치하도록 조정할 수 있다. 이처럼 '블록체인화'된 시스템을 활용하면 헬싱키 선언(인체를 대상으로 하는 의학 연구의 원칙을 규정한 세계의사협회의 윤리강령-역주)의 요건에 충족할 수 있다. 즉 '모든 임상실험 결과를 일반 대중이 열람 가능하도록 데이터베이스에 저장, 공개하는 원칙'과 '발표된 연구의 무결성을 훼손할 수 있는 데이터 위변조 행위를 금지하는 원칙'에 부합할 수 있다. 게다가 시스템의 채산성이 우수하고 자동화가 가능해 임상실험을 하는 제약회사나 대학 연구소의 수익성 향상에도 도움이 된다.」

## ⑥ 추적가능성

다시 정리해보면 블록체인은

- 시간 순으로 기록되고
- 분산 저장되며 • 자체 검증이 가능하고
- 실시간으로 반응하며
- 즉각적인 인증 시스템에 의해 위변조가 방지되는 거래 장부다.

이런 까닭에 블록체인 기록 내용은 삭제가 불가능한 대신 추적은 가능하다.

정보 추적이 가능한 속성을 일컬어 추적가능성traceability이라 하며 금융 외 식품, 의약품, 예술품, 귀금속 등의 분야에 추적가능성을 다양하게 적용할 수 있다. 그러면 온갖 종이 증명서를 수차례 주고받을 필요도 없고 과실이나 사기의 원인도 사라질 것이다.

---

1   개념증명(PoC, proof of concept): 단기간 약식으로 방법론 또는 이론의 실현가능성(타당성)을 증명하는 테스트로 실제 프로토타입 생산을 결정하는 중요한 단계가 된다.

비파괴적 신뢰혁명 기술 블록체인

예술 분야의 경우 2016년 5월 세계적인 금융·회계컨설팅 기업 '딜로이트 룩셈부르크'에서 미술품 이력추적 기술 '아트트랙티브 ArtTractive 애플리케이션'을 선보였다. 고가 미술품의 제작/이동경로를 추적하는 분산원장(블록체인) 기술로 블록체인의 개념증명 방식을 이용해 원작자, 이해관계자, 소유자 간의 거래 내역을 철두철미하게 기록하여 증빙자료로 확보해둔다. 해당 미술품의 이동경로가 운송업자부터 세관, 갤러리, 미술관, 잠재적 구매자까지 기록된다. 이처럼 블록체인 기술을 미술시장에 적용하면 한 작품의 제작, 전시, 매입 등의 전 역사를 망라한 '미술품 이력추적 장부'를 만들 수 있다.

## ⑦ 인증과 공증

상품 구매/판매, 자격증 교부, 상표 등록과 같이 자산 증명서, 소유권, 계약을 취급하는 모든 거래는 블록체인 등록 시 인증을 받아야 한다. 블록체인 자체 공증 시스템에 따라 수신자/발신자, 시각, 날짜, 연도가 거래 내역에 기록된다.

프랑스계 스타트업 '블록네스'는 거래(기부, 양도) 전에 발생한 거래 내역의 출처와 소유권자를 추적, 조회하고 과거 이력(품질, ISO 인증 등)을 검증하는 솔루션을 개발하는 데 주력하고 있다.

# 광범위한 활용도

블록체인 기술이 활용되는 다양한 분야를 살펴보자. 지면상 모두 나열하지 못했음을 알려둔다[1].

## ① 블록체인 활용 분야
(괄호 안은 해당 분야의 블록체인 애플리케이션 개발 업체)

- 자산 – 디지털 자산 관리(Colu)
- 애플리케이션 개발 모듈의 소유권 증명 (Assembly, MyPowers)

---

**1**  책 후반부 참고자료에 블록체인 애플리케이션 개발업체별 웹 주소가 수록되어 있다.

- 예술 - 예술작품 인증 서비스 (Verisart)

- 인터넷 뱅크 - 온라인 당좌계정 (Czam)

- 개인 게시물 - 인터넷상의 개인 게시물/댓글 검증 (The World Table, Asimov)

- 토지대장 - 토지대장 관리 (Factom)

- 선불카드 (BuyAnyCoin)

- 소프트웨어 분야 협력 (BlockchainValley)

- 콘텐츠 - 콘텐츠 배포 (Alexandria)

- 계약 - 디지털 계약서 (Colu)

- 저작권 보호 - 저작권 침해 방지 (TheRealMcCoy, Chainlink, BlockVerify)

- 블록체인 프로젝트 크라우드펀딩 (Koinify, BlockchainValley)

- 자격증 - 자격증 공인인증 (KeeeX, dipl.me)

- 증명서 - 문서 인증, 존재 증명**(Proof of Existence,** 비트코인 블록체인에서 특정 시각에 생성된 거래가 컴퓨터 파일로 존재함을 입증하는 온라인 서비스-역주), 디지털 콘텐츠 소유권 인증 (Ascribe, Artplus, blockai.com, blockness.io, bitproof.io, ChainyLing, crypto Public Notary, factom.org, KeeeX, proofofexistence.com, remembr.io, Stampery)

- 데이터 - 데이터베이스 관리 (Mayor Chains)

- 데이터 - 데이터 분석 (Belem.io)

- 데이터 – 블록체인 기반 데이터 검증·저장 플랫폼 (KeeeX)
- 전자상거래(e-commerce) – 혁신적인 분산형 거래 플랫폼 (OpenBaz aar)
- 에너지 – 스마트 전기계량기 (E-Energy Center)
- 에너지 – 재생에너지, 공유경제 (TransActive Grid, powerledger.com, SolarCoin)
- 결제대금 예치제 – 에스크로 서비스 (PlayCoin, NewSystem Technologi es, Fundes)
- 금융 – 금융거래 (SETL, FactoryBanking)
- 개인정보 – ID 인증 (ShoCard)
- 개인정보 – ID 관리 (Ascribe, Verisart, Onename)
- 디지털 ID (Onename, Trustatom, FollowMyVote)
- 부동산 – 부동산 거래 이력 추적 (Blockness.io, Bitproof, Blocknotary)
- 사물인터넷(IOTA, beAchain, Adept, Filament, Hyperledger)
- 게임 (Spells of Genesis, Voxelnauts)
- 의료 – 진료기록 관리 (BitHealth)
- 의료 – 의료 정보 (BitHealth)
- 채굴(Mining) (21 inc., Bitfury)
- 음원 (Ujo, Peertracks, BitTunes Music on the Blockchain)
- 도메인 네임 – 도메인 관리 (Namecoin)

- 스마트 오브젝트(smart object) - 공유경제 네트워크용 스마트 객체의 매매/대여 (Blockness.io, Slock.it)
- 결제 - 간편한 온라인 안심 결제 (Alipay)
- 투자 - 스타트업 투자 유치 서비스 (Founderbeam)
- 예측 - 시장상황 예측 (Augur)
- 개인간 대출 (MoneyCircles)
- 소유권 - 소유권 거래용 디지털 보안 시스템 (Symbiont, Mirror, Secure Asset, Bitshares, Coin-e, equityBits, DXMarkets, MUNA)
- 지식재산권 (Blockness.io, Monegraph, Bitproof)
- 전자서명 (BlockSign)
- 스마트 그리드(Smart grid), 스마트 시티(Smart city), 스마트 빌딩 (Smart building) (LO3 Energy, Enerchain, ElectriCChain)
- 금 예치/결제 서비스 (Bitgold)
- 탈중앙형 저장 서비스, 클라우드 (Storj, BigchainDB, Sia.tech)
- 차량(운송) 서비스 (aeCar, la'Zooz)
- 우버화(Uberization) 서비스 (Arcade City)
- 프라이버시 - 디지털 인증 방식 개인정보 보호 서비스 (ShoCard, Uniquid)
- 투표 시스템 (Voatz, Belem, Neutral Voting Bloc, civicdApp.com, cryptovoter.com, v-initiative.org, followmyvote.com, unchain.voting)

요즘 너 나 할 것 없이 블록체인에 관해 얘기들 하지만 일반인 중에는 접해본 사람이 거의 없다고 해도 과언이 아니다. 알퐁스 도데의 희곡《아를의 여인》은 제목과 달리 '아를의 여인'이 한 번도 등장하지 않는데 블록체인이 바로 그런 존재가 아닐까. 그럼에도 사회 전 분야에서 블록체인 실용화 계획이 방대하고도 다각적으로 수립되고 있다. 블록체인 기술이 실로 엄청난 개발 잠재력을 갖고 있음을 보여주는 대목이다. 이제 계획을 어떻게 실천하느냐가 관건이다.

## ② 블록체인 애플리케이션의 무한한 개발 가능성

시중의 블록체인 애플리케이션은 헤아릴 수 없을 정도로 많다. 단순히 수적인 측면보다는 우리 일상의 곳곳에 다양하게 융화되고 있다는 사실에 주목하는 편이 좋을 것이다. 또한 하나같이 보안 유지가 확실하고 정보 저장에서도 빈틈이 없으니 일단은 바람직한 현상이라 할 수 있다. 다만 블록체인 기술이 우리의 일상생활이나 사고방식에 근본적인 변화를 몰고 왔다는 점을 인식하는 데는 다소 부족한 편이다. 각종 위험 요인(사기 행위, 금전 손실, 작동 오류… 등)은 물론 조금이라도 불확실한 부분은 모두 제거하려는 것이 블록체인이다. 인간은 원래 단순한 기계와는 달리 지능과 양심을 지닌 존재지만, 블록체인 세계에서 보면 이것은 오히려 철저한 의심의 대상이 된다.

그럼에도 블록체인은 미래를 향해 끊임없이 진화 중이다. 다각적인 활용을 통해 나날이 장족의 발전을 보이고 있다. 불과 몇 달 전에는 상

## 에너지

2016년 2월
RWE와 Stock.it, 차세대 전기차충전소 시험운영 착수

2016년 4월
트랜스액티브 그리드(TransActive Grid)
– 뉴욕 브루클린에서 청정에너지
– 공유경제 융합 프로젝트 개시

2016년 7월
에너체인(Enerchain)– 플랫폼 개발

상도 못 했던 애플리케이션들이 줄지어 등장하고 있다. 앞으로 석 달, 여섯 달, 아홉 달 후에는 또 어떤 놀라운 애플리케이션을 만나게 될지 누가 알겠는가. 향후 2~3년은 많은 기관들이 블록체인 애플리케이션 시험운영에 집중할 것으로 보인다. 그 결과 우리 주변에는 '블록체인화'된 요소들이 당당히 한 자리를 차지하게 될 것이다.

신규 프로젝트의 활약상만 봐도 블록체인 기술이 우리 사회에 줄기차게 뿌리를 내려 경제와 사회 전반을 새롭게 탈바꿈시킬 기대감으로 가득 차게 한다. 그러면 탁월한 성능을 입증하고 있는 블록체인 애플리케이션에는 어떤 것들이 있는지 분야별로 자세히 알아보자.

언론에서 블록체인을 대대적으로 알리기 위해 대중의 관심이 집중되는 에너지(전력) 분야에 지면을 할애하고 있다고 보는 이들이 많은데 사실은 그렇지 않다. 그것은 블록체인 애플리케이션 개발이 가장 활발히 진행되어야 할 분야가 바로 에너지 분야이기 때문에 그렇다. 에너지 업계는 그간 자동차 제조업체 수가 꾸준히 증가하면서 기존의 '분산형 네트워크'에 많은 문제가 제기되어왔다. 그 해결책으로 거론된 것이 '로컬 스마트 네트워크' 즉 '스마트 그리드[1]'를 확대하는 방안이었다.

2016년 2월 독일계 전기·천연가스 공급회사 RWE는 신생기업 슬록잇Slock.it과 공동으로 차세대 전기차 충전소용 스마트 그리드 시험운영 계획을 발표했다. 프랑스의 경우 에너지 솔루션 기업 '엔지Engie'를 주축으로 에너지(수자원, 천연가스, 전기) 수송이력 추적 분야에 스마트 그리드를 시범 적용 중이다.

2016년 4월 뉴욕 브루클린에는 뉴욕 주 당국의 지원으로 청정에너지와 공유경제를 융합한 수익공유형 발전소 '마이크로 그리드[2]'가 신설됐다. 마이크로 그리드는 태양열 네트워크 개발업체 'LO3 에너지'와 비트코인 블록체인 기업 '컨센시스' 그리고 '트랜스액티브 그리드'가 합작회사 형태로 운영하며, 지역화 된 전력망(grid)을 기반으로 소규모 분산

---

[1] 스마트 그리드smart grid는 전력 생산자와 소비자 양쪽에 양질의 정보를 제공함으로써 효율을 극대화하는 차세대 전력망이다. 블록체인 기술의 관점에서는〈3장 참조〉

[2] 마이크로 그리드(Micro-grid): 소규모 지능형 전력망(지역 단위 전력 생산 구조)

형 발전소(미니 발전소)를 가동하여 지역 주민에게 저렴한 가격대의 전력을 공급하고 있다. 태양열 집적기에서 전력이 생산되는 즉시 이더리움 블록체인에 데이터로 전송되며 스마트 콘트랙트로 태양열 에너지 이용 규칙 및 생산가격를 설정할 수 있다.

블록체인 프로젝트들은 단순히 시험운영에 그치지 않고 무한한 발전가능성을 제시하고 있다. 2013년 4월《내비건트 리서치》는 '마이크로 그리드 프로젝트'를 통해 발생하는 전 세계 연간 수익이 2020년 400억 달러를 웃돌 것이라는 연구논문을 발표했다. 2013년의 4배에 달하는 수치다.

2016년 7월 독일계 스타트업 '폰톤'은 유럽 최초의 블록체인 기반 에너지 거래 플랫폼 '에너체인'을 개발했다. 에너체인은 익명으로 구매 주문서를 발송하면 판매자 컴퓨터에서 클릭 한 번에 거래가 완료되며 모든 거래가 제3신뢰기관 없이 P2P 방식으로 이뤄진다.

2016년 10월 네덜란드 흐로닝언에서 열린 '해크에너지 2016'(Hack energy: IBM 블록체인 기술연구팀과 공동으로 하이퍼레저/인공지능/사물인터넷 분야 최첨단 기술을 이용해 고난도 프로그램(해킹)을 개발하는 행사-역주) 대회에서는 에코코인이라는 P2P 방식 에너지 거래·유통 시스템이 소개됐다. 에코코인은 오픈소스 형태의 블록체인 프로젝트 '하이퍼레저'(2장 참조)를 기반으로 한다.

또한, 2016년 11월 3~4일 네덜란드 암스테르담에서 개최된 'E-마트 에너지2016 컨퍼런스'(에너지 관련 지식 공유 및 아이디어 논의를 위한 네트워킹형 콘퍼런스-역주)에서는 재생에너지 거래 플랫폼 부문 선두주자인 벨기에 기업 '유소Yuso'와 네덜란드 기업 '프리오헌'이 블록체인 기반 에너지 교역 협정을 체결했다. 이로써 유럽 최초로 시간당 메가와트 규모 재생에너지 전력 생산이 가능해질 전망이다.

한편 블록체인 컨소시엄 '일렉트릭체인'은 사물인터넷 통신용으로 블록체인 오픈 플랫폼을 공개했다. 일명 '사물체인Chain of Things'으로 불리는 일렉트릭체인은 공개성과 보안성을 겸비한 발전장치로 세계 각지의 태양열 발전 현황을 실시간 확인한다. 태양열 에너지가 생산되는 즉시 태양전지판과 블록체인의 각 노드에 연결된 지역 배전판에 분산 전송되며, 생성된 모든 정보는 글로벌 네트워크에 공유된다.

에너지 산업은 신기술 도입 속도가 더뎠지만 요즘 들어 디지털 체제로의 변화가 활발히 진행되고 있다. 수많은 기업이 새로운 도전에 정면 승부를 다짐하며 신기술 활용을 위한 만반의 준비를 하고 있다. 공공기관들도 분산형 에너지 산업에 동참하고자 해결 방안을 모색 중이다.

### ③ 식품유통 추적관리

현재 식품유통 추적관리 기술과 관련해 여러 프로젝트가 진행 중인데 가장 대표적인 것은 2016년 10월 베이징에서 월마트, IBM, 칭화대학교의 협약으로 착수된 '블록체인 기술 활용의 식품유통단계 추적·검증 체계 구축 프로젝트'다. 세계적으로 막강한 영향력을 행사하는 세 기관이 식품이력 추적의 중대성을 인지하고 관련 기술을 개선하고자 손잡았다는 점에서 의의가 크다.

### ④ 영화·영상·음원 불법 다운로드 방지

인터넷이 출현한 후로 각종 예술작품의 불법 다운로드가 보편화됐지만 규제가 느슨한 실정이다. 특히 음원의 경우 스포티파이Spotify, 애플 뮤직, 디저Deezer 등의 다운로드·스트리밍 플랫폼 때문에 저작권 체계가 흔들리고 있다. 합법 사이트에서 아티스트 및 원작자에게 음원·영상 이용료를 지불하지 않고 무단 다운로드하는 것은 대부분 나라에서 불법이지만, 미국 드라마 〈왕좌의 게임〉 최종 시즌의 불법 다운로드 횟수가 1400만 회를 넘겼으니 현실은 딴판이라 할 수 있다.

이로 인해 저작권료 수입에 막대한 손실이 발생한 결과 음원·영상 업계 비즈니스 모델에 획기적 변화가 전개되고 있다. 불법 행위를 퇴치하는 블록체인 기술을 이용하기 위해서다. 호주계 스타트업 '베레딕텀'은 영화 산업에 블록체인 기술을 접목하고, 이스라엘계 기업 '레벨레이터'는 음악 산업에 접목했다. 원작자가 영화/음반/시나리오 등의 저작물을 토큰화[1] 시스템으로 블록체인에 등록해두면 누군가 무단사용을 시도해도 블록체인에서 인증이 안 되므로 자동 적발된다. 유튜브와 같은 동영상 플랫폼에서도 이러한 불법 다운로드 방지 솔루션을 시범 운영하고 있다.

### ⑤ 의약품 및 상품 정품인증제도

상표권 침해(상품위조) 현상이 점점 커지는 가운데 인터넷이 불법거

---

1    토큰화(tokenisation)는 특정 데이터를 동등한 가치의 토큰(임시 거래용)으로 교체하는 것으로 이 토큰은 시스템 내부에서만 가치를 지니므로 시스템 외부에서는 이용할 수 없다.

래 조장에 일조하고 있다. 대부분의 상품이 상품 가치를 지니는 순간 위조 대상이 되고 있다. 더욱 경악스러운 사실은 의약품도 예외가 아니어서 사람의 건강을 이용해 부당 이득을 취하는 자들이 있다는 점이다. 선진국에 유통되는 의약품의 10~30% 가량이 '위조 의약품'일 정도다.

세계보건기구(WHO)는 위조 의약품으로 인해 사망하는 인구가 매년 70만 명에 달할 것으로 추산하고 있다. 세계적 규모의 의약품 '유통이력인증제도' 구축하면 위조품 퇴치에 도움이 된다. 일례로 프랑스계 스타트업 '블록 파르마'는 소비자가 의약품을 구매한 후 정품 여부를 스마트폰에서 바로 확인할 수 있는 솔루션을 제공하고 있다.

## ⑥ 의료데이터 보관 · 진료기록 공유

개인의 진료기록은 지극히 사적이고 민감한 정보인 만큼 철저한 비밀로 유지해야 하지만 사고 및 질병으로 인한 응급, 의식불명 상태에서는 제3자에게 피치 못하게 공개해야 한다. 이럴 경우 응급의료센터에서 전산화된 개인진료기록을 보안상태에서 조회하는 방법은 없을까?

미국 캘리포니아에 설립된 스타트업 '블록체인 헬스'는 의학연구센터 몇 곳과 협력해 '환자' 의료기록 전산보관 서비스를 제공하고 있다.

미국계 의료기업 '메드렉'은 블록체인의 스마트 콘트랙트 시스템을 이용한 전자의무기록 서비스를 개발해 편의성과 보안성이 향상된 의료기록 열람 서비스를 공급한다.

환자와 의료진의 공동서명을 원칙으로 하는 '다중서명 시스템'을 이

비파괴적 신뢰혁명 기술 블록체인

용해 블록체인에서 진료기록을 열람하는 방법도 있다. 이 경우 일정 수의 암호화 서명(개인 키)을 알아야 기록 조회가 가능하다. MIT 연구진은 이에 착안해 개인정보보호 기능이 한층 강화된 다중서명식 전산 의무기록 열람서비스 '에니그마[1]'를 개발하고 있다.

### ⑦ 토지대장 관리

알다시피 지도상에서 토지의 경계를 획정하는 장부가 토지대장이고, 국가는 토지대장을 토대로 토지 상속 및 매입에 대한 세금을 거둔다. 따라서 토지대장이 없으면 국가 조세 수입원이 사라지고 토지 소유자는 자기 소유의 토지임을 입증할 수 없게 된다.

아프리카와 남미에는 토지대장 제도가 없거나 있다 해도 신뢰할 수 없는 나라들이 있다. 아프리카 가나에 기반을 둔 비영리단체 '비트랜드'는 그 해결책으로 가나 전국 디지털 토지대장 시행 계획을 발표하고 GPS로 토지를 측량해 블록체인에 토지문서를 등록할 예정이다. 남미의 온두라스는 미국계 블록체인 기업 '에피그래프'를 주 사업자로 선정해 계획 추진을 요청했다.

### ⑧ 공공행정 업무

국력이나 국가 규모와 무관하게 모든 국가는 자국민을 위해 세금 관

---

1  에니그마(Enigma) 프로토콜은 블록체인의 최대 약점으로 지적되는 확장성 및 개인정보보호 문제를 개선하고자 구축된 네트워크로서 안전하고 분산화된 방식의 데이터 연산 및 교환으로 블록체인의 신뢰도를 높인다.

련 문서, 운전면허증, 신분증, 비자(입국사증) 등의 공문서를 관리해야
한다.

최근 프랑스를 비롯해 공문서의 디지털화에 시동을 건 나라가 증가
하는 추세임에도 공문서를 블록체인으로 관리하는 경우는 극소수다.
바로 그 극소수 중에 두바이가 있다. 2016년 10월 두바이 황태자는 국
가 공문서 블록체인 관리 계획을 선포했다. 입출국자의 비자 확인 절
차를 간소화하려는 목적이 가장 컸다. 이로써 두바이는 행정 공무원의
근무 시간을 최대 2,510만 시간까지 절약할 수 있게 된다.


⑨ 디지털 신원확인 시스템

디지털 ID는 일종의 디지털화된 신분증명서로서 이를 이용하면 디지
털 객체와 실질적 주체(개인, 기업, 사물)를 연결해 인식할 수 있다. 은
행 및 교통수단의 신원확인 간소화, 출생·사망증명서의 전자문서화
가 가능하며, 가상공간 내 개인별 평판을 알아보는 가상평판 시스
템을 구축할 수 있다.

최근 '블록체인 기반 디지털 ID 시스템' 개발에 뛰어든 신생기업들이
속속 나타나고 있다. '쇼카드'는 공항(또는 기타 교통 플랫폼)에서 탑승
자 개인정보를 블록체인에 등록해 신원확인과 개인정보접근 체계를 간
편화하는 시스템을 고안했다.

미국계 스타트업 '원네임'Onename은 블록체인을 활용한 인터넷 '가상
ID' 생성 서비스를 제공한다. 사용자는 페이스북과 같이 이름, 이메일,

비밀번호만 입력하면 가상 ID를 만들 수 있다. 개인정보가 중앙서버에 집중되지 않고 블록체인에 분산 저장되며 가상 ID를 소유한 본인만 암호화 개인키로 자신의 ID에 접근할 수 있다. 이 기술이 본격 도입될 경우 개인 ID를 영리 목적으로 제3기관에 '양도하는 행위'가 불가능해진다.

## 파스칼 아고스티 변호사의 설명

최근 EU는 법규범과 보안기술규약이 포함된 eIDAS(본인확인전자인증서명) 법령을 발효했다. 전자 거래가 종이문서 거래와 동일한 법적 효력을 갖도록 전자서명, 디지털공인인증, 전자봉인, 타임스탬프 등의 신뢰확보 수단을 마련하고, 인증기술을 보유한 공인인증기관 등의 제3 신뢰기관에 관련 업무를 위임했다. 그런데 자세히 보면 중앙집중형 관리 방식이어서 공개적 탈중앙화를 지향하는 블록체인의 논리와 상충한다.

우선 eIDAS 법령은 아키텍처 및 인증 프로세스를 통해 상황에 따라 '조건부로 신뢰 수준을 조정, 유지'하도록 설계됐다. 반면에 블록체인 기술은 신뢰가 최우선인 만큼 시스템에 오류나 결함이 조금만 발생해도 신뢰 수준이 '저하'되는(상황에 따라 신뢰 수준을 조정할 수 없는) '무조건적 신뢰 시스템'으로 구성되어 있다.

이렇듯 eIDAS와 블록체인의 논리가 엇갈리고 있지만 상호보완적으로 기능하는 데는 무리가 없다. 전자 아카이브에 신문파일을 보관할 수 있듯이, 블록체인 기술을 활용해 전자거래 시스템에 신뢰 요소를 저장할 수 있기 때문이다. 또 블록체인 네트워크를 기반으로 구성원 전체가 신뢰를 공유하면, 인증기관이 불공평하게 신뢰를 독점하는 문제, 이로 인해 구성원의 자주성과 독립성이 결여되는 문제를 해소할 수 있다. 따라서 eIDAS와 블록체인을 상호배타적 관계로 보기보다는 조화롭게 병용하는 방안을 모색하는 편이 바람직하다. 이를 위해서는 몇 가지 중요한 조건이 전제되어야한다. 첫째, 위법 행위로 (블록체인에) 손해를 가한 개인에게 법적 책임을 묻는 제도를 마련하고, 민법의 기본원리에 따라 그러한 개인에게 민사책임을 부과해야 한다.

둘째, 거래이력 추적 및 일관성 점검에 필요한 타임스탬프(날짜와 시간을 기록) 장치를 마련해야 한다. 예를 들어 회계감사에서 거래내역을 날짜순으로 조회한 결과 연관성 없이 수상한 점이 발견될 경우 이의를 제기하고 법적 책임을 물을 수 있어야 한다. 토지대장 블록체인에 대해서도 마찬가지다.

셋째, '잊힐 권리(right to oblivion, 현재와 무관한 과거 개인정보는 망각, 삭제되어야 할 권리─역주)' 원칙을 지키고 개인정보 보호의 의무를 다하는 측면에서 개인기록 삭제 관련 법령을 제정해야 한다. '구글 스페인'을 상대로 제기된 개인정보 삭제권 소송에 대해 2014년 5월 13일 유럽사법재판소는 인정 판결을 내려 잊힐 권리를 보장하고 있다. 블록체인은 공개 거래 장부를 사용하고 개인기록 보존을 전제하므로 개인정보 삭제 및 개인기록 저장위치 공개가 불가능하다. 이와 관련된 몇 가지 사안에 대해 법적판결이 보류 중이어서 관심이 쏠린다.

/////////////////

비파괴적 신뢰혁명 기술 블록체인

## ⑩ 금융 결제

전자결제 금융사기 퇴치는 향후 금융권에서 해결해야 할 중대 과제 중 하나다. 시중 은행들이 해외안심결제서비스(3D Secure) 등의 고강도 보안서비스를 개발, 가동하는데도 여전히 사기 행위가 기승을 부려 금융기관마다 보안기술 강화에 열을 올리고 있다. 요즘 블록체인 솔루션 중에 비트코인 블록체인의 아성을 무너뜨리고 가장 선전하고 있는 블록체인 솔루션은 단연 리플이다. 리플의 장점은 원하는 즉시 액수에 상관없이 공짜나 다름없는 수수료로 거래를 할 수 있고, 지불거절의 위험 없이 안심 거래를 할 수 있다는 점이다. 리플에서는 전 세계적으로 발생하는 대량의 신용카드 또는 암호화폐 결제가 단 몇 초 만에 신속히 처리된다. 이외에도 항공 마일리지, 모바일 이용시간, GPS 거리 등 결제 가능한 모든 대상이 포함된다.

## ⑪ 유가증권 발행·결제

블록체인은 금융시장을 비롯해 유가증권(어음) 발행 및 결제 시스템에서 높은 활용도를 보인다.

프랑스는 증권거래를 전자거래 방식으로 전환한 지 30년이 넘었지만 증권거래 후선지원(백오피스)이 기술면에서는 뒤쳐져 있다. 이러한 열세를 만회해줄 새로운 해법으로 제시되는 것이 블록체인이다. 블록체인은 증권(또는 외화증권)의 발행/거래 그리고 상장 기능을 통해 증권거래소, 유가증권상장등록원, 증권계좌의 기능을 동시에 수행한다.

대표적으로 런던에 설립된 스타트업 '세틀sETL'은 종래의 증권 거래/교환/발행/결제 시스템을 대체하는 통합형 서비스를 제공하고 있다.

## ⑫ 크라우드펀딩[1]

2016년 3월 29일 에마뉘엘 마크롱(현 프랑스 대통령–주) 당시 프랑스 경제장관은 '프랑스 크라우드펀딩 총회'에서 "블록체인 시범운영의 준비 단계로 기존 채권의 철폐 및 '소액채권' 신설과 관련 금융법규를 제정해 행정명령으로 발효할 방침"이라고 했다. 그리고 다음 달 프랑스 금융법에 '금융거래 인증용 분산형 전자거래 장부'라는 블록체인 특별법이 제정됐다.

소액채권은 '크라우드펀딩 컨설팅업체' 또는 '투자중개기관' 등의 크라우드펀딩 플랫폼에서 투자 중개용으로 사용되며 법적 보장에 따라 기존 채권보다 보안성이 강화된 채권이다. 상환 만기가 최소 5년의 기명증권으로서 주식회사/기업공개회사/유한책임회사 채권에 대하여 회계연도 기준으로 최소 3년 후부터 채권자의 전액상환 요청이 가능한 '상환금 완납주식자본fully paid-up capital' 형태로 발행된다. 기관이나 기업도 매입할 수 있다. 크라우드펀딩 플랫폼은 소액채권 발행 기업 및 기관의 금융거래이력를 열람하고 재정건정성을 평가하는 투자자문기관의 역할을 한다.

소액채권이 진정한 혁신인 이유는 분산된 거래 방식에 있다. 프랑스에서는 앞서 언급한 행정명령에 따라 블록체인 기술 기반의 투자 플랫폼에

---

1 크라우드펀딩(crowdfunding): 자금이 필요한 수요자가 온라인 플랫폼을 통해 불특정 다수의 대중(크라우드)으로부터 자금조달(펀딩)을 받는 것–역주

비파괴적 신뢰혁명 기술 블록체인

서 소액채권 거래가 이뤄지는데 프랑스 법 역사상 처음 있는 일이기도 하다. 요컨대 크라우드펀딩은 프랑스 법의 테두리 내에서 블록체인 시범운영을 위한 밑거름이 되고 있다.

그런데 크라우드펀딩 컨설팅업체에서 처리하는 채권 거래량을 보면 기존의 법제화, 조직화된 증권거래소에 비해 미미한 수준이다. 블록체인의 거래인증 속도가 상대적으로 느리기 때문으로 이에 대한 불만이 자주 제기되고 있다. 아울러 블록체인이 앞으로 확장성을 확보해 방대한 거래량을 처리할 수 있을지, 막대한 에너지 소비량을 감당할 수 있을지에 대한 의구심도 제기되고 있다[1].

한편으로 공개성, 불변성, 탈중앙화 속성을 띠는 블록체인을 통한 채권 거래 시 '잊힐 권리'와 지식재산권을 침해할 수 있다는 우려가 있는데 사실 그렇지 않다. 특히 소액채권은 자본자산(투자자가 미래 수익에 대한 권리를 갖는 주식, 채권 등의 유가증권 자산—역주)으로서 실시간 업데이트가 되고 금융상품으로서 철저한 법적규제를 받는다.

크라우드펀딩 채권 발행자들이 블록체인에 관심을 보이는 까닭은 채권 거래 정보를 면밀히 기록해주기 때문이다. 소액채권을 포함한 채권과 회사채, 주식을 발행하는 기업들은 의무상 채권발행장부를 항상 최신 상태로 업데이트해야 하는데 이 역할을 블록체인이 대신한다. 또 특별한 경우 제3자 기관에 채권발행장부 관리를 위탁하기도 하는데

---

1  블록체인이 지분증명(proof of stake)이 아닌 작업증명(proof of work) 방식으로 작동하기 때문이다.

그간 장족의 발전을 일군 블록체인 기술이 이 역할도 대체할 수 있다. 아울러 블록체인은 고전적인 데이터베이스 체제와 근본부터 다른 백업 기능을 갖추고 있어 데이터베이스 방식의 장부 관리도 가능하다. 요컨대 크라우드펀딩과 블록체인의 두 시스템은 불가분의 관계에 있다. 거래 생성과 거의 동시에 아주 간편하게 시스템 동기화가 이뤄지며 블록체인은 채권발행장부를 투명하게 관리해준다. 채권 발행자는 위탁 관리자에게 장부관리 권한만 주고 법적 문서의 열람, 생성 권한은 제한할 수도 있다.

프랑스 국내에서 발 빠르게 블록체인 활용 방안을 모색 중인 크라우드 펀딩 플랫폼 기업들이 몇몇 있다. 2016년 후반기 상황에서 보면 지속가능한 크라우드펀딩 플랫폼을 표방하는 '에네르핍'이 유일한 개념증명방식의 합의 메커니즘을 고안, 실용화 단계에 나섰다. 특히 비트코인 블록체인을 민간 기업으로 전환해 제3 신뢰기관 역할의 플랫폼으로 활용하는 방식을 제안하고 있다.

프랑스 최대 은행 'BNP 파리바Paribas'의 보안 서비스팀은 크라우드펀딩 플랫폼 업체 3곳과의 업무 협약을 통해 소액채권 활용 및 채권 장부 관리 방안을 모색하고 우선적으로 프라이빗 블록체인 활용 방안을 강구하는 데 주력할 계획이라고 했다.

'프랑스 크라우드펀딩 전문가 협회'는 프랑스 국회의 통제를 받는 '공공부문 금융기관'과의 협업을 통해 크라우드펀딩 채권 대상의 이더리움 기반 스마트 콘트랙트를 시범 운영할 방침이다.

**파스칼 아고스티 변호사의 소견**

"2016년 4월 28일 프랑스 최고행정재판소에서 발효한 채권 관련 행정명령 2016-520호는 '크라우드펀딩 채권 발행 및 양도용'으로 개발된 특정 블록체인의 법적 실효성을 최초로 규정한 법규다. 이로써 크라우드펀딩 채권(종이 채권으로도 발행 가능, 선택 사항)은 '공공전자장부(블록체인 기반)에 등록된 후 위의 행정명령에 의거해 보안 및 각종 조건에 대한 승인을 받아야 한다.' 행정명령에는 크라우드펀딩 채권에 대한 신뢰/보안/감사 기능을 수행하는 분산형 전자장부를 관리하는 조건이 명시되어 있다.

### ⑬ 분산형 전자투표

온라인 전자투표에서 가장 큰 문제로 지적되는 것이 보안성 문제인데 블록체인 기술을 활용하면 완전한 비밀투표가 가능하다. 많은 나라들이 십 년 이상 된 낡은 투표기계 때문에 수리비, 유지비 부담이 가중되고 있으며 잦은 고장으로 부정선거가 만연하고 민주주의의 근간마저 위협받고 있는 실정이다. 각국 정부는 선거의 투명성을 확보하고 무엇보다 선거에 대한 유권자 신뢰를 회복하는 측면에서 블록체인 기술 도입이 시급하다. 덴마크 자유당은 2014년 당내 선거에서 세계 최초로 블록체인 기반 투표를 실시했다. 유럽의회는 2016년 10월부터 블록체인 활용 투표를 실시하는 방안을 검토 중이다. 의회 소속의 '필립 부세' 연구원은 블록체인과 전자투표의 특성을 분석한 보고서《블록체인 기술이 투표

시스템을 개혁한다면?》을 발표했다. 부셰 연구원은 전자투표의 보안성/투명성 강화를 위해 블록체인을 통한 혁신이 필요하다고 진단하고, 블록체인이야말로 민주주의의 미래를 위한 필수 덕목이라고 확언했다. 사실 현대 사회를 이루고 있는 중요한 요소들이 대부분 디지털화 됐는데도 선거 시스템만 유독 오프라인 종이 투표 방식에 머물러 있다. 전자투표는 21세기 초부터 전도유망한 방식으로 주목받아왔으며 (경우에 따라서는) 미래를 위한 필연적 선택으로 각광받았다. 선거 절차 간소화와 비용 절감에 기여함은 물론 선거 참여율 증대와 민주주의 발전에 이바지하리라는 기대 때문이었다. 중앙선거관리위원회에 무한신뢰를 보내든지, 아니면 블록체인 기술 기반의 분산 형 공개투표 시스템을 구축하든지, 양자택일을 해야 할 때다. 부셰의 보고서는 블록체인-전자투표의 결합이라는 화두로 유럽 공동체 내 크나큰 논란을 불러일으킬 것으로 보인다.

| 관련사례 |

**\*혁신적인 전자투표 솔루션 기업, 벨렝과 보츠**

「프랑스계 스타트업 벨렝Belem은 블록체인 기반 전자투표 솔루션을 선보이고 기술 검증을 마쳤다. "블록체인은 중앙집권적 선거관리기관을 배제하고 P2P 방식으로 투표 전 과정을 철저히 투명하게 관리함으로써 기존의 투표 시스템을 전면 혁신한다"는 분석으로 전문가들의 호평을 받았다. 벨렝의 전자투표 솔루션의 장점은 다음과 같다.

• 신뢰성 : 제3자 신뢰기관(예: 중앙선거관리위원회-역주)의 조력을 받지 않고 투표자가 직접 본인 컴퓨터에 투표 정보를 저장, 공유해 투표 결과를 확인한다. 이로써 투표가 완전무결

## ⑭ 지식재산권 관리

앞서 소개한 벨렝은 인증 분야에서 전자투표 솔루션에 이어 제 2의 활로를 개척하고 있다. 블록체인 기술을 적용해 일반인 및 전문가의 데이터 기록/보호에 유용한 간단하고 경제적인 인증 수단을 고안했다.

알다시피 블록체인은 데이터 또는 전자문서가 어느 날짜에 존재했음을 증명하는 진본확인 서비스 즉, 타임스탬프 서비스를 제공하므로 정보에 대한 반박과 정보 조작이 불가능한 것이 특징이다. 구성원 모두가 데이터 감시 권한을 갖되, 데이터 내역을 네트워크 전체에 공유하고 완전한 비밀을 유지함으로써 데이터를 완벽하게 보호한다. 본질적으로 완벽한 불가침 영역으로서 그 누구도 인증 시스템을 공격할 수 없게 설계됐다. 벨렝의 블록체인 기반 인증모듈을 사용하면 산업·지식재산권, 출생·사망증명서, 거주사실증명서, 상환능력증명서, 금융데이터의 진본 여부를 인증하고 자격증, 부동산등기부등본, 물권(열쇠, 자동차, 예술작품, 주식, 채권 등의 소유권)을 디지털로 변환할 수 있다.

이처럼 지식재산권은 블록체인의 활용이 두드러질 뿐 아니라 앞으로 무궁무진한 잠재력이 기대되는 시장이다.

### ⑮ 데이터 분석

벨렝은 데이터 분석 분야에서도 블록체인 애플리케이션을 선보이고 다음과 같이 설명했다. "이러한 혁신적 활용은 참여민주주의와 지식재산권 분야를 넘어 데이터 분석으로 이어지고 있다. 정보통신망으로 송수신되는 정보에 대해 빈틈없는 보안 체계를 확립하고 기밀 데이터 분석을 할 수 있는 최상급 신뢰 수준의 데이터 분석 플랫폼을 개발했다."

벨렝의 데이터 분석 플랫폼은 금융, 보험, 건강, 전자상거래, 사물인터넷 등 다방면으로 활용된다. 고객의 요청에 따라 여러 분야를 그룹화해 데이터 분석도 해준다.

### ⑯ 공급망 관리(SCM)

지금까지 살펴본 대로 블록체인은 여러모로 쓰임새가 많다. 하지만 '공급망관리(SCM, supply chain management)'와 같은 전도유망한 분야에 적용되어야 비로소 방점을 찍었다고 할 수 있다. 공급망관리는 참여자, 검열할 문서, 인증할 결제, 통과할 인증단계가 무수히 많은 만큼, 블록체인의 잠재력이 발휘되어야 마땅한 분야다.

평소 우리가 구매하는 상품은 처음부터 끝까지 한 곳에서 제조되지 않는다. 사슬처럼 얽힌 공급업체들이 부품(예: 전자 부품)을 기업에 납품하면, 기업에서 완제품으로 조립해 시판한다. 부품이 하나라도 빠지거나 한 곳이라도 공급업체에서 절차를 지키지 않으면 공급사슬은 끊어지고 만다.

블록체인을 이용해 제조 공정을 디지털로 기록하여 감시하고, 단계별 제조 현황을 이해당사자들에게 보고할 수 있다면 더없이 좋을 것이다. 이외에도 블록체인 기술을 공급사슬에 활용할 수 있는 방법은 무궁무진하다.

### ⑰ 쿠오볼라 이노베이션

핀란드계 스타트업 '쿠오볼라 이노베이션'은 블록체인을 활용해 제조·유통 과정을 디지털 데이터로 저장, 공유하는 기술을 개발 중이다. 먼저 무선인식 칩을 제품 라벨에 내장하고 제조·유통 단계를 네트워크에 등록한다. 그런 다음 제조단계의 이동 정보를 무선주파수로 추적해 네트워크에 공유하고 유통업체의 채굴 애플리케이션을 이용해 제품을 경매에 내놓는다. 그러면 입찰자는 무선인식장치로 제품 정보를 확인한 후 최적의 조건에서 구매할 수 있다. 거래내역은 블록체인에 등록된다. 특히 식품 유통업계에서 블록체인 활용 방안을 검토하고 있다.

### ⑱ 블록체인이 몰고 온 데이터 혁명

블록체인 기술은 거래관련 데이터와 프로그램 그리고 연동 데이터를 원본 상태로 등록하고 한 치의 변화 없이 온전히 보존함으로써 데이터의 무결성을 확보한다. 양대 블록체인으로 꼽히는 비트코인과 이더리움의 경우 무결성 기준을 설정한 후 작업증명 방식의 채굴을 통해 데이터 무결성을 확보한다. 작업증명 방식의 경우 채굴자가 연산문제를 풀어서 거래 데이터를 생성, 등록한 대가로 일정 양의 수당을 받는데 문제가 점점 어려워져도 추가 수당 없이 계속 해나가야 한다. 나날이 기술이 발전하는 해커들로부터 블록체인의 무결성을 확보해 나가야 하기 때문이다. 이런 이유로 채굴자 네트워크의 존속 가능성에 우려가 제기되고 있다.

데이터의 무결성을 위해 데이터가 특정 시간에 존재했음을 증명하려면 연산문제를 풀어 파일의 암호를 알아내야 한다. 문제 자체는 비교적 간단한 편이지만 그에 앞서 수많은 문서, 서명, 타임스탬프 사이의 복잡한 관계를 유추해야 문제 해결의 실마리를 찾을 수 있다. 가령 데이터, 체크섬(checksum, 데이터 무결성을 보호하는 중복검사─역주), 서명, 타임스탬프 사이의 연결고리를 찾아내는 작업이 상당히 난해하다.

그런데 최근에 '데이터용 블록체인'으로 평가될 정도로 혁명적인 솔루션이 개발됐다. 대부분 포맷의 파일에 공개 키, 디지털 서명, 다른 파일 및 메타데이터와의 암호 관계 등을 자유롭게 삽입할 수 있는 '킥스 솔루션'이다.

킥스 솔루션은 현재 프랑스 제정의 국제특허분류에 등록돼 있으며 프랑스계 스타트업 킥스Keeex에 특허권이 있다. 파일의 무결성 확보 차원에서 파일에 고유한 '정체성', 즉 ID를 부여하고 다소 인위적이긴 하지만 사람 이름을 ID로 사용한다. 일반 검색엔진에서도 파일에 접근할 수 있고 다른 문서 및 파일에서 해당 파일을 지정해 사용할 수 있다.

기술면에서 데이터를 그룹으로 묶어 영구 서명을 남김으로써 무결성을 확보하고, 암호화 '해시 알고리즘'으로 해킹을 차단해 데이터 손상을 방지한다. '사용자 ID'가 같은 두 개의 파일이나 이전에 존재했던 ID를 재사용하는 파일을 생성할 수 없다. 따라서 굳이 데이터 검증 인프라를 구성하지 않아도 데이터를 쭉 늘어놓고 보면 자동 생성된 것인지 임의로 조작한 것인지 판별할 수 있다.

그 결과 블록체인에 등록된 거래 파일마다 파일 생성자의 ID가 표시된다. 블록체인의 신뢰성과 검증 능력이 모든 데이터와 파일에 미치고 있다는 뜻이다. 이렇듯 비트코인과 킥스 솔루션의 조합을 통해 데이터 역사상 최초로 신뢰도 면에서 전자문서(디지털문서)가 종이문서를 능가하는 시대, 전자문서를 우선순위의 증빙문서로 여기는 시대가 열렸다.

이 같은 혁신에 힘입어 정보통신업계와 산업계 전반에 전자문서 애플리케이션이 확대 보급되고 있다. 다중서명multi-signature과 다중날짜가 저장된 계약서, 날짜가 명시된 증빙사진, 영수증, 결제인증서, 비용청구서, 학위증명서, 성적표, 등기우편, 디지털신분증, 소비자정보 등을 비롯해 다각적으로 적용되고 있다.

**교육**

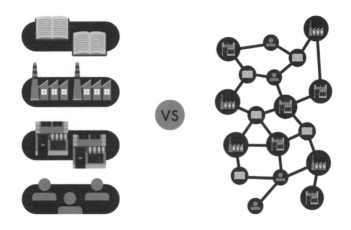

⑲ 교육

　교육계에도 블록체인 활용 프로젝트가 대거 등장하고 있다. 원격화상 교육이 범용화 된 이후 강의, 과제 등의 다양한 교육 콘텐츠를 합법적으로 결제해 이용하는 인구가 증가하는 추세를 반영한 것이다. 일례로 최근 뇌 과학 기반 학습사이트 〈날리지웍스KnowledgeWorks〉[1]는 학교, 교사, 학부모, 학생을 대상으로 블록체인 기술이 미래 교육에 미칠 잠재적 영향력을 연구한 논문을 발표했다.

　학생에 의한, 학생을 위한 대규모 글로벌 네트워크를 표방하는 비영

---

1　블록체인 학습: 연구논문 요약: "교육자와 교육관계자들은 블록체인이 미래 교육에 미칠 긍정적, 부정적 영향을 골고루 검토해야 한다. [중략] 일선 학교와 교실에서 과제를 늦게 제출하는 학생들 때문에 고충을 겪고 있는데, 이 문제를 해결할 신기술로 블록체인이 자주 언급되고 있다. 문제 해결을 넘어 새로운 학습의 장도 열어줄 수 있기를 기대 한다"

리단체 〈블록체인 에듀케이션 네트워크〉는 자체 대학 캠퍼스에 '비트코인 블록체인 클럽'을 조직하는 것을 목표로 2014년 여름 설립됐다. 학생들은 보안 환경에서 P2P 방식의 혁신적 툴과 기술을 배우고 익히며 사회–경제 구조를 다채롭게 체험하고 있다. 아울러 여러 클럽이 연합해 전 세계를 하나로 연결하는 블록체인 네트워크를 구축하고, 이를 통해 자원 공유와 신기술 활용을 위한 방안을 모색 중이다.

샌프란시스코에 위치한 소프트웨어 개발 전문학교 '홀버트 스쿨'은 블록체인 기술을 적용해 전자 학위증명서를 발급, 보관하고 있다. 블록체인 고유의 암호화 인증 기술을 활용해 블록체인 데이터베이스에 학위증명서를 생성, 서명, 저장하는 방식이다. 아울러 종이로 된 학위증명서도 교부하는데, 나중에 교직원들이 인증하기 편하도록 증명서마다 '분산저장일련번호'를 부여한다. 블록체인 기술을 교육 분야에 적용하면 개인, 단체, 기관, 정부 등이 초중고교, 전문·일반대학, 온라인공개강좌, 기업, 인턴십, 지식베이스(knowledge base, 특정 분야의 전문지식이 체계적으로 축적된 데이터베이스–역주) 등 모든 종류의 교육환경에서 중개자 없이 학습할 수 있다.

국제연합(UN) 산하의 국제전기통신연합(ITU,)[1]은 사물인터넷을 "정보통신기술을 기반으로 (물리적 또는 가상의) 사물을 상호 연결해주는 첨단 서비스로서 정보사회를 위한 글로벌 인프라스트럭처"라고 규정하고 있다.

---

1    국제전기통신연합(ITU, International Telecommunication Union): 1865년 창설되어 현재 180여 회원국을 두고 있다. 전 세계 전기통신산업의 균형 있는 발전을 도모하는 역할을 한다. 스위스 제네바에 본부가 있다.

〈사물인터넷(IoT, Internet of Things)〉

2005년 이전
중앙집중형,
폐쇄형 사물인터넷(IoT)

현재
중앙집중형
클라우드 기반의 개방형
사물인터넷(IoT)

미래
분산형 클라우드 기반의
개방형 사물인터넷(IoT)

　사물인터넷 세계를 구성하는 사물들은 단순히 대화만 하는 것이 아
니라 보안 환경에서 상호작용, 계약체결, 소액거래도 한다. 블록체인 기
술은 상호 신뢰가 관건인 분산 알고리즘에 토대를 두고 있는 만큼 사
물인터넷의 필요조건에도 이상적으로 부합할 것이다. 앞으로 아이오타
IOTA나 비어체인(프랑스에서 개발된 솔루션) 등의 신생 기술을 통해 더
욱 실질적인 사물인터넷 애플리케이션들이 대거 제작될 전망이다.

## 정보통신기술 전문가 자비에 달로즈Xavier Dalloz[1]의 설명

///////////////

"다각적인 활용도를 자랑하는 블록체인 프로토콜은 사물인터넷의 신뢰도 향상에도 적용될 것이다. 웨어러블 컴퓨팅, 사물인터넷, 태양열 집적기, 스마트폰, 휴대용 PC, 자가건강측정 앱,마트홈, 스마트카, 스마트시티 등 지구촌 구석구석 광범위하게 연결된 디지털 세상의 인프라스트럭처로 자리매김할 전망이다."

///////////////

---

1   정보통신기술 전문기업 자비에 달로즈 컨설팅(Xavier Dalloz Consulting)의 수석 자문위원

# 기업에 블록체인이란?
# 절대 놓치면 안 될 기회

블록체인 기술은 기업과 비즈니스 모델에 어느 정도 혼란을 초래한다는 관점에서 보면 위협 요인이 될 수도 있겠지만 각종 프로세스와 네트워크의 흐름을 원활히 하고 고객과 공급자 관계를 개선하며 비용 절감(무엇보다 큰 이점이자 혜택)을 통해 자금의 유동성 증대에 기여한다고 보면 기회 요인으로 볼 수 있다.

## 기업에 획기적 혜택을 선사할 혁명적 기술

핀테크[1]가 은행권과 금융계의 판도를 뒤바꾸고 있듯이 바야흐로 블록체인과 블록테크[2]가 전 세계 모든 조직의 지형을 뒤흔들고 있다.

기업들은 끊임없이 진화하는 시장 환경에서 가치 창출을 위해 무한 경쟁을 치러왔다. TCP-IP$^3$ 프로토콜부터 웹 공동체(Web community, 구성원만이 콘텐츠와 링크를 이용할 수 있는 웹사이트-역주)를 거쳐 스마트폰, 전자상거래, 소셜 네트워크에 이르기까지 지난 몇 십 년간 혁혁한 기술 혁명이 전개됐다. 한 기업의 업계 순위가 한순간에 곤두박질치고 디지털 기술면에서 뒤쳐지기도 했다.

특히 기술 투자를 늘리지 않았던 기업들(예: 모바일 전환에 실패한 마이크로 소프트)과 역사의 저편으로 사라진 기업들(예: 디지털로의 전환에 실패한 코닥)이 그랬다. 혁신으로 점철된 불안정한 환경에서는 날로 발전하는 기술에 적응해야 업계 최강자로 발돋움할 수 있다는 교훈을 남겼다.

상거래와 보험을 비롯해 산업 전반의 모든 활동에서 총체적 또는 부분적 변혁이 일어날 것으로 예견되고 있는 만큼, 향후 업계별로 또 어떤 신기술이 도입될지 예측, 대비해야 한다. 발 빠르게 디지털과 블록테크 체제로 전환하지 못하면 점점 속도를 더해가는 경쟁에서 낙오되고 말 것이다. 그로 인해 기업 비즈니스 모델의 일부나 전부가 붕괴되는 불상사가 발생하지 않도록 블록체인 솔루션에 대한 만반의 준비를

---

**1**   핀테크(Fintech) : 금융과 기술의 융합으로 혁신적인 금융기술을 활용한 산업 구조
**2**   블록테크(blocktech) : 블록체인 기술을 활용하는 산업구조
**3**   TCP-IP(transmission control protocol-internet protocol): 컴퓨터 통신망을 표준화한 개방형 프로토콜이다. TCP는 데이터 다운로드 시 자료 손실을 방지하여 신뢰성을 보장하고 IP는 데이터를 지점에서 지점으로 정확히 전달하는 역할을 한다.

갖춰야 할 때다.

앞서 블록체인 기술의 기본 원칙과 다양한 직업군에 대한 영향력을 살펴봤다. 이를 바탕으로 좀 더 심층적인 질문을 던져보자.

- 내 직업에서 어떤 직무가 블록체인 기술의 영향을 받을까?
- 내 직업에 관련된 비즈니스 모델이 블록체인을 통해 직면할 위기 요인과 기회 요인은?
- 위기 요인과 기회 요인의 중심축이 되는 것은?
- 내 직업군에서 특히 누가 블록체인의 노드로 활동하게 될까?
- 블록체인 도입 시 특별히 적용하고 싶은 합의 또는 인증 방식이 있다면?
- 블록체인 도입 시 어느 정도의 비용, 기간, 제약이 따를 것으로 예상하는가?
- 블록체인 도입 시 감수해야 할 리스크와 영향은?
- 블록체인 시험운영(개념증명)[1]은 어떻게 준비하면 좋을까? 또 어떤 단계로 진행할 것인가?
- 시험운영에 필요한 기술 경쟁력을 확보하고 있는가, 아니면 운영의 전부 또는 일부를 외부 기관에 위탁할 것인가?
- 블록체인의 실행가능성을 진단, 연구할 내부 자원이 있는가?

---

1　개념증명(PoC, proof of concept)은 특정한 방법론이나 아이디어를 실전에 적용했을 경우 이론과 동일하게 구현되는지, 아니면 부족하거나 불완전한지 등을 검증하는 실행가능성(feasibility) 증명이다. 프로토타입의 기능이 완벽한지 입증하는 중요한 단계다.

　비파괴적 신뢰혁명 기술 블록체인

- 내가 소속된 조직이나 동료들은 블록체인 도입에 대비하고 있는가?
- 최상의 결과와 비용 절감을 위해 블록체인 도입 준비를 동료들과 분담해야 하지 않을까?
- 블록체인 프로젝트를 추진 중이거나, 전후에 지원·협력을 받을 블록체인 관련 단체 및 조합이 있는가?

물론 목록에 다 넣지 못한 질문들도 있다. 또 기업과 비즈니스 모델의 형태, 구체적인 디지털 전환 계획에 따라 질문 내용이 달라질 수 있다.

결과적으로 블록체인 기술을 도입하는 기업들은 사업운영비 절감, 회복탄력성 증대, 데이터베이스 보안 효과를 누릴 수 있다. 제3자와의 거래를 신속 정확하게 처리하고, 수수료가 거의 없는 즉시 결제 시스템을 구축하며, 고객에게 전에 없던 새로운 서비스를 제안하는 등의 다채로운 혜택을 볼 수 있다.

더불어 운영 체계와 업무 프로세스, 생산-판매 주기도 원활히 개선된다. 요컨대 블록체인이라는 '가치 사슬'을 통해 외부 힘을 빌리지 않고 기업 스스로 전면적 또는 부분적 혁신을 꾀할 수 있다.

# '컨소시엄 형 블록체인'은 블록체인의 최적 활용법일까?

세계 최고의 기업들 내에서도 혁신 관련 부서들은 이른바 FOMO[1] 영향으로 대세에서 밀려나지 않기 위해 고군분투하고 있다. 당연히 기술, 조직, 금융 등 각종 분야의 혁신을 약속하는 블록체인 기술에도 귀를 기울이고 있다.

블록체인을 통한 대대적인 패러다임 변화가 예고되고 있는 만큼, 각자 블록체인이 자신의 직업에 어떤 영향력을 미칠지도 꿰뚫고 있어야 한다. 블록체인에 생소한 분들을 위해 블록체인 활용 시 유의할 사항을 몇 가지 공유하고자 한다. 기존의 중앙집중형 방식으로 가능했던 것들은 탈중앙화 방식의 블록체인으로도 얼마든지 가능함을 이해하고, 블록체인 기술의 이점과 특성을 최대한 이용하는 방안을 모색해야 한다. 이 내용은 앞부분('블록체인 활용 사례' 참고)에서도 언급했다.

## ① 전제 조건

이번 장에서는 '분산원장 프로토콜' 또는 '분산합의 프로토콜'을 의미하는 용어로 '블록체인'을 주로 사용할 예정이다.

그리고 블록체인 기술 중에서도 흔히 '프라이빗 블록체인(개별 조직

---

1　FOMO: Fear Of Missing Out (하나라도 놓칠까 봐 전전긍긍하는 마음)의 약어

이 사용하는 블록체인)'으로 통용되는 '컨소시엄 블록체인'의 활용 방안
을 중점적으로 설명하겠다. 필자는 개인적으로 프라이빗과 컨소시엄의
개념을 아우르는 '허가 형 블록체인'이란 용어를 선호한다. 이번 장에서
는 누구나 참여 가능한 퍼블릭 블록체인은 다루지 않겠다.

## ② 어떤 질문으로 접근해야 할까?

블록체인을 처음 접하는 사람들이 맨 먼저 던지는 질문이자 가장 궁
금해 하는 점은 "과연 블록체인으로 어떤 문제를 해결할 수 있는가?"다.

결코 타당한 접근 방식이라 할 수 없는데, 블록체인을 사용한다는
것은 종래의 기술과 전혀 다른 획기적인 기술을 수용하는 것이기 때문
이다. 기존의 문제를 해결하기보다 획기적 기술에 어떻게 적응할지 고
심해야 한다. 고정관념에서 탈피할 필요가 있다. 그런 의미에서 린 스타
트업[1] 전략을 살펴보자. 린 스타트업 전략은 '개념 타당성 검증', '과학적
실험', 반복 설계(애자일 방법)[2]에 기초한 경영 방법론이다. 최단 기간에
제품을 생산하고 정기적인 성과 측정과 소비자 반응 확인을 통해 후속
제품의 품질을 개선하는 식으로 성공 확률을 높이는 전략이다. 결과적
으로 최소한의 초기 투자비용으로 소비자 요구에 최상으로 부응하는
제품·서비스를 제공할 수 있다.

---

1   린 스타트업(Lean Startup) : 2008년 벤처기업가 에릭 리스(Eric Ries)가 실리콘밸리의 하이테크 기업들이 사
용하던 린 제조(lean manufacturing) 방식에 착안해 개발한 경영 방법론이다. 개념 타당성 검증, 과학적 실험, 반복
설계 등의 방식을 사용한다. 상품화 주기 단축, 정기적인 성과 측정, 소비자 피드백 확인에 유용하다.
2   애자일 방법(agile method): 과거의 기술을 분석, 검토해 사용자 니즈에 민첩하게 부응하고 이 과정을 반복, 수
정해 발전시키는 방법으로, 신생기업 블록니스(Blockness)에서 애자일 방법을 적극 활용하고 있다.

그러므로 블록체인을 처음 사용할 때는 린 스타트업 전략을 구사하는 것이 바람직하다. 패러다임 자체가 혁신적인 "블록체인과 더불어 어떤 새로운 기회(시장, 서비스, 생태계)를 창출할 수 있을까?"란 질문으로 접근하면 최선의 방책이 될 것이다.

### ③ 최적의 블록체인 활용 전략

스스로 질문해보고 블록체인 사용의 필요성과 타당성을 파악했다면, 블록체인을 어떤 목적과 용도에 활용할지 결정하고 적당한 기회를 찾아야 한다. 공개형 또는 폐쇄형 분산원장의 이점을 최적으로 활용하기 위한 전략도 구상해야 한다.

기업의 경우 다음의 8가지 전략을 조합해 실전에 적용하면 블록체인의 장점을 극대화할 수 있다.

- 일단계로 '데이터 저장 공간' 완비하기 : 데이터 저장을 빼놓고 분산원장을 논할 수 없다.
- 두 번째, 사용자 공동으로 데이터 등록하기 : 데이터 기록자가 한 명뿐이면 블록체인 수익이 발생하지 않는다. 블록체인은 시스템 구조상 다수의 사용자가 개입해 데이터를 기록하도록 되어 있다. 아울러 기존 사용자들을 고려해 기존 데이터베이스를 삭제하지 않는다.
- 세 번째, 블록체인은 이해관계가 상충되거나 상호신뢰가 불확실한 참여자로 구성됨을 인지하기 : 참여자들의 이해관계가 엇갈리고 서로

에 대한 믿음이 없더라도 결국 같은 조직의 구성원이다. 이를테면 같은 회사라도 부서별로 규칙과 비전이 다르고 한 부서의 데이터로 다른 부서의 규칙과 활동을 증명할 수 없듯이 말이다(예: 물류부와 회계부에서 사용하는 규칙과 통계자료가 절대 같을 수가 없다).

- 네 번째, 제3신뢰기관 또는 '이익단체'의 도움을 받지 않겠다는 의지와 그 필요성 절감하기: 제3신뢰기관이나 이익단체를 대체할 확실한 해법으로 공정하고 중립적인 시스템을 갖춰야 한다. 블록체인의 각 구성원은 어떠한 중개자도 신뢰하지 않겠다는 가치중립적인 의지를 갖고 공공 분산원장의 일원으로 참여하는 자세가 필요하다. 중개자가 없으면 거래 비용 절감, 거래 속도 향상, 자동화 감사시스템 구축 등의 이점을 볼 수 있다. 전적으로 신뢰할 수 있는 중개자를 찾는 것이 현실적으로 불가능하다.

- 다섯 번째, 거래 규칙 확립하기: 거래 승인에 필요한 규칙을 정하고 블록체인 합의 알고리즘에서 실행되도록 해야 한다. 규칙이 없으면 블록체인 기술이 온전히 작동할 수 없다.

- 여섯 번째, 거래 승인자 선발하기: 블록체인은 분산 합의에 참여해 거래를 최종 승인하는 노드(참여자 혹은 채굴자)가 있다. 노드는 악의적 거래를 검열하고 거래상 분쟁을 중재하는 중대한 역할과 권한을 가진다. 현명한 판단력을 발휘해 노드 권한의 균형/견제 차원에서 다양한 참가자를 고루 수용해 선발해야 한다.

- 일곱 번째, 거래 기반의 상호작용 : 일반적인 소유권/관리권 거래와

마찬가지로 참여자 간 상호작용이 모두 거래를 통해 이뤄진다(예: 공급 사슬supply chain).

• 여덟 번째, 모범적 모델을 통한 자산 보증하기 : 참여자간 상호작용과 거래 방식을 규정하는 롤 모델을 정립하고 해당 기업이 자산(예: 상품, 실물자산 등)의 보증인이 될 수 있어야 한다. 그렇지 않으면 블록체인 시스템에 대혼란이 발생할 것이다.

### ④ 결론

기업은 "블록체인을 통해 어떤 기회를 창출할 것인가?"를 검토해야 한다. 블록체인 참여자들을 위해 중앙집권적 성격의 제3신뢰기관을 없애겠다는 자발적 의지도 있어야 한다.

앞서 블록체인 프로젝트 추진 과정에 적용할 '린 스타트업' 방법론에 대해 소개했다. 한 두 페이지 형식적인 설명으로는 큰 도움이 안 될 듯하여 대략적인 맥락을 짚었다. 블록체인 프로젝트에 개념증명(신제품을 도입하기 전 사전 검증) 방식의 접근법, 즉 린 스타트업 방법론을 적용하면 시간관리, 조직운영, 금전적 이익 측면에서 막대한 수익을 올릴 수 있다는 점 정도면 독자 여러분에게 필요한 사항이 충분히 전달됐을 것이다.

아울러 브레인스토밍 즉 다수가 참여해서 활발한 자유토론을 통해 아이디어를 창출하는 과정에서도 정리했듯이 블록체인은 해결할 문제를 찾아내거나 신기술을 연구하려는 목적보다는 지극히 현실적인 필요

비파괴적 신뢰혁명 기술 블록체인

에서 수용해야 한다.

결론적으로 블록체인은 새로운 서비스나 제품, 기회를 창출하고 이를 통해 혁신을 구현하는 지렛대와도 같은 것이다.

# 어떤 기술을 도입해야 할까?

여러분이 속한 기업이나 기관은 어떤 종류의 '블록체인'이나 '분산형 데이터베이스'를 채택하면 좋을까? 앞서 자세히 살펴본 '퍼블릭 블록체인'과 '프라이빗 블록체인'의 핵심을 요약해보자.

퍼블릭 블록체인(비트코인, 이더리움 등)은 누구나 참여 가능한 공개형 블록체인으로 모든 참여자가 거래를 승인하고 합의에 참여할 수 있다. 반면에 프라이빗 블록체인은 참여자 자격을 제한함으로써 기존 참여자 및 노드가 신규 참여자의 가입 및 합의 참여 자격을 심사하도록 되어 있다.

금융기관은 프라이빗 블록체인 이용 시 분산형 데이터베이스 관리 방식으로 거래 데이터를 일괄적으로 저장할 수도 있다. 이에 따라 각 참여자는 개인 컴퓨터에서 나머지 참여자들이 보유한 것과 정확히 일치하는 검증된 분산원장 데이터를 열람한다.

비트코인과 같은 퍼블릭 블록체인은 합의, 작업증명, 채굴을 통해 정보를 보안한다. 수학적으로 허위 거래란 있을 수 없고 등록된 거래내역의 변경이나 삭제는 더더욱 불가능하다. 게다가 암호화 알고리즘과 머클 트리(Merkle Tree : 다른 사용자에게 받은 데이터 블록의 유효성을 검증하는 암호화 기술-역주) 구조로 데이터 무결성을 보장하므로 승인되지 않은 거래는 블록체인에 등록될 수조차 없다.

퍼블릭 블록체인은 참여자보다는 오히려 프로세스 자체에 신뢰 구조가 형성된다. 보안성이 확보된 분산형 데이터베이스이기 때문이다. 각 참여자의 컴퓨터에 거래 데이터 복사본이 저장되고 참여자들의 협업운영으로 거래 인증이 이뤄지며 인증 즉시 네트워크 전체에 업데이트된다. 암호화 방식에 의거해 허가된 참여자만 거래 내역을 열람할 수 있고 거래 내역의 진본은 단 하나만 존재한다.

프라이빗 블록체인과 퍼블릭 블록체인의 일반적 특징을 보면 프라이빗 블록체인도 일종의 '분산형 데이터베이스'로 볼 수 있지 않을까 하는 의문이 들 수 있다.

물론 프라이빗 블록체인도 중앙 관리기관 및 제3 신뢰기관 없이 데이터베이스의 즉시 공유가 가능하므로 그런 의문이 생길 수 있다. 하지만 프라이빗 블록체인에 적용된 SQL(구조화 질의어) 데이터베이스는 분산 아키텍처 방식이면서도 중앙기관의 통제를 받으므로 엄밀히 말하면 분산형 데이터베이스가 아니다.

블록체인은 확고부동한 신뢰성과 안정성을 토대로 최고 수준의 정보

보안을 보장한다. 신뢰성과 안정성을 최우선으로 삼지 않는다면 '분산형 데이터베이스'가 답이 될 수 있겠지만, 중개자를 철저히 배제하는 방향으로 가고자 한다면 '블록체인 기술' 도입은 필수적이라 할 수 있다.

| 관련사례 |

**\*질문하기**

「앞서 '블록체인 활용 사례'에서 살펴봤듯이 블록체인 관련 기술 가운데 구체적으로 무엇을 선택할지, 어떤 합의·자동화 방식을 시스템 구성요소로 설정할지 예상해봐야 한다.

- 우리 기업은 어떤 기업인가?
- 우리 기업은 블록체인에 어떤 니즈를 갖고 있는가?
- 누구를 노드로 정할 것인가?
- 정보의 비밀보장을 최고로 중요하게 생각하는가?
- 정보의 출처를 식별하는 장치가 필요한가?
- 정보 등록의 시간과 날짜를 자동 기록하는 '타임스탬프' 시스템이 필요한가?」

차분히 좀 더 구체적인 면까지 고려해보면 분산형 데이터베이스에는 '간편한 암호화 수단'으로 스마트 콘트랙트를 탑재하는 편이 좋다는 결론에 이르게 된다. 당연히 그러해야 하고 그래야 데이터베이스 기능이 완벽해진다. 알고리즘과 언어만 완비해도 운영에 큰 무리가 없다고 할 수도 있겠지만, 스마트 콘트랙트가 빠진 블록체인이 과연 외부와의 상호작용을 안전하고 원활히 수행할 수 있을까.

하나 더 고려할 사항이 있다면 작업수행능력이다. 요즘 들어 퍼블릭

비파괴적 신뢰혁명 기술 블록체인

블록체인의 처리 속도가 분산형 데이터베이스에 비해 점점 뒤처지고 있다. 속도 저하의 원인으로는 합의 메커니즘 작동, 전자서명 생성/인증 등 블록체인의 과다한 작업량이 지적되고 있다. 그럼에도 일부 프라이빗 블록체인은 아키텍처와 합의 방식에 힘입어, 또 일부 퍼블릭 블록체인은 새로운 알고리즘에 힘입어 응답시간이 현저히 빨라졌다.

이 둘이 결합된 하이브리드 시스템을 채용하면 속도가 두말할 나위 없이 빨라질 것이다. 따라서 기존 기술의 기반에서 블록체인 프로젝트를 추진할 계획이라면 블록체인(퍼블릭 또는 프라이빗), 분산형 데이터베이스, 하이브리드 플랫폼, 하이브리드 아키텍처를 도입했을 때의 장단점을 두루 비교해보는 균형 잡힌 시각이 필요하다. 블록체인 도입 프로젝트에 일률적이고 보편화된 해법이란 없다.

각각의 조직과 프로젝트는 세상에 단 하나뿐이고 저마다 고유한 특징을 지니고 있기 때문이다.

# 04
# 거버넌스와 권리

최근 들어 블록체인에 대한 관심이 뜨겁다. 블록체인이라는 획기적 테크놀로지를 조명하는 언론기사가 물밀 듯 쏟아져 나오고 학회와 프레젠테이션마다 반응이 가히 폭발적이다. 무엇보다 은행권의 관심이 지대해 블록체인을 도입해도 향후 불이익이 없을지, 수익에 악영향을 미칠 리스크 요인은 없는지 면밀히 따져보고 있다.

세계 중앙은행들이 서둘러 호감을 나타내고 있으며 각국 정부도 블록체인 기술이 국가재정과 민생에 미칠 영향을 심층적으로 분석하고 있다. 블록체인 기술의 경제적 효과는 규명됐는데 법적 효과는 온전히 입증되지 않았다. 엄밀히 말해 블록체인에 대한 법적 규제나 기준이 모호한 실정이다.

이를 해결하려면 두 가지 중요한 문제에 대한 답을 얻어야 한다. 하나는 '블록체인의 거버넌스(의사결정 방식, 협치)를 어떻게 할 것인가'

이고, 다른 하나는 '블록체인 기술을 매개로 일어나는 각종 활동에 대한 법적 구속력을 어떻게 할 것인가'이다. 물론 블록체인을 도입한 조직이 어떤 유형인지, 개방형 블록체인과 폐쇄형 블록체인 중에 뭘 선택하는지에 따라 답은 달라질 것이다. 어떤 경우든 블록체인이 기술이라는 점을 염두에 둬야 올바른 답을 얻을 수 있다.

### 파리 변호사협회 소속 위베르 드 보플란 변호사의 견해

"블록체인의 운영규칙은 개방성 정도에 따라 결정된다. 개방성이 강할수록 거버넌스는 약해지고 개방성이 약할수록 거버넌스는 강해진다.

따라서 지급결제시스템용이나 토지대장용 블록체인과 같은 프라이빗 블록체인은 시스템을 통제하는 중앙기관이 거버넌스를 집행하고 자체 규정에 의거해 참여자 자격 제한, 정보 보안, 거래 승인 등의 법적 기준을 마련한다.

반대로 누구나 참여 가능한 퍼블릭 블록체인은 별도의 운영 규칙이 없다. 미국 법학자 로렌스 레식Lawrence Lessig의 표현에 따르면 '코드가 곧 법(Code is law)'이기 때문이다. 하지만 인터넷의 경우처럼 거버넌스가 정말 필요 없는지는 의문이다."

# 프리 소프트웨어란?

소프트웨어는 '프리(공개) 소프트웨어'와 소유권 보호를 받는 '비공개 소프트웨어'로 분류된다.

사용권을 통해 다음의 네 가지 기본적 자유를 보장하는 소프트웨어를 프리 소프트웨어로 규정한다.

① 누구나 자유롭게 사용할 수 있는 소프트웨어

② 누구나 자유롭게 복제할 수 있는 소프트웨어

③ 누구나 자유롭게 연구할 수 있는 소프트웨어

④ 누구나 자유롭게 변경하고 변경 버전을 재배포할 수 있는 소프트웨어

특히 마지막의 두 자유는 소프트웨어의 구성 원리인 '소스 코드'가 완전 공개될 시에만 보장된다.

# 블록체인의 소유권자는?

이 질문의 답도 블록체인의 종류에 따라 결정된다.

• 프라이빗 블록체인의 경우 블록체인 기술은 개발 업체의 지식재산권으로 분류되어 법적 보호를 받는다. 단, 개발 단계에서는 소스코드가 완전히 공개된다.

• 반대로 퍼블릭 블록체인은 '공유자원 이론의 공동체 원리'에 입각해 누구도 소스코드의 '소유권자'가 될 수 없다.

최근 금융계를 중심으로 소스코드(프로그래밍 언어)의 소유/관리권 설정 문제가 새로운 쟁점으로 떠오르고 있다. 대부분 금융기관은 전문가들(금융시장 분석가들)이 특정 금융거래용으로 개발한 금융 알고리즘을 기관의 자산으로 등록해 사용하고 있다. 퍼블릭 블록체인의 알고리즘에 대해서도 특허권/저작권 보호가 필요하며, 그러지 못할 경우 알고리즘을 철저히 비공개에 부치는 프라이빗 블록체인으로의 전환이 불가피하다는 입장이다.

## 블록체인 내부 작업수행에 대한 법적 구속력

블록체인은 일종의 기술이다. 전에 없던 완전히 새로운 기술이지만 기술 그 이상은 아니다. 이를테면 내부에 어떤 거래가 생성됐는지 반영하거나(예: 부동산·토지 거래 및 매매에 활용되는 프라이빗 블록체인), 거래를 생성하는(예: 비트코인) 등의 작업만 수행한다. 따라서 기존의 법적 환경에 순조롭게 융화하도록 '암호화' 계약서와 '실물' 계약서 간의 연동 체계를 구축하는 것이 블록체인 개발의 최대 과제로 꼽힌다.

///////////////

### 위베르 드 보플란 변호사의 분석

"결국 사이버 법이 관건이다. 일반적으로 말하면 암호력의 관계를 어떻게 설정하느냐가 문제다. 공개형(퍼블릭) 블록체인에서 실행되는 작업은 참여자들에게만 그 가치를 인정을 받을 뿐, 제3자에 대해 법적 효력을 발휘하지 못한다. 일례로 비트코인은 암호화폐 거래의 법률적 가치가 없어 제3자가 아닌 구매자-판매자 간 관계에 대해서만 법적 효력을 행사한다. 이처럼 퍼블릭 블록체인의 글로벌 거버넌스가 부재한 까닭에 앞으로의 상황 변화를 지켜봐야 한다.

이와 달리 프라이빗 블록체인은 내부의 개체(entity, 저장 가치가 있는 중요한 데이터를 보유한 사람. 현실의 조직 운영자-역주)가 정한 규칙에 따라 작동한다.

금융상품이나 통화지불결제 시스템에 적용되는 프라이빗 블록체인의 경우 외부에서 실행되는 작업만 블록에 반영하는 규칙이 있다. 통화(화폐)나 금융상품의 구매/판매의 방식 또는 규칙이 블록에 설정돼 있는 것이다.[1]

이렇듯 프라이빗 블록체인은 참여자의 법적 대항력을 보장하는 내부 규칙에 의해 작동한다. 토지대장용 프라이빗 블록체인의 경우도 마찬가지다. 블록은 거래를 생성하지 않고 등록하는 역할만 한다[2]. 일종의 소유권 증명을 하는데 제3 법적기관의 개입 없이 고차원적인 전자서명도 가능하다. 물론 지방행정용(토지대장 등) 프라이빗 블록체인의 경우 정부가 블록 기능을 법제화하고 블록을 통해 토지소유권, 즉 부동산등기증서의 진위가

---

1    지불결제 시스템에 블록체인이 활용될 경우 금융업계에 대격변이 일어날 것임을 보여주는 대목이다. 기존에 유로클리어(Euroclear, 벨기에 소재의 국제증권예탁결제기관-역주), 금융정보거래저장소(DTCC, Depository Trust & Clearing Corporation) 등의 중앙집중형 예탁청산기관에 위임됐던 지불결제 업무를, 소유권자의 권리에 대한 법적 사항을 사전에 조율한다는 조건 하에, 프라이빗 블록체인이 대신하게 될 것이다.
2    블록체인을 거래 장부로 활용하면, 거래 내역을 속속들이 조사하지 않아도, 거래 문서가 실제로 존재했다는 사실에 대해 부인하거나 반박할 수 없는, 시간이 기록된 증거를 확보할 수 있다. 이를 존재 증명(proof of existence) 기법이라고 하며, 특정한 어드레스와 시간에 해당 문서가 존재했음을 입증하는 방편이 된다.

입증되도록 규정할 수 있다. 퍼블릭 블록체인뿐 아니라 프라이빗 블록체인이 국경을 초월해 사용되는 경우에는 국제 협정을 통해 소유권 증명이 가능하도록 설정할 수 있다. 그러나 협정 체결이 불발될 시에는 강대국이 블록체인에 법적 강제력을 행사하는 상황이 발생할지도 모른다. 인터넷 분야에서 그 선례를 보였던 미국이 그럴 것이다. 그러면 블록체인 주권 상실에 대한 우려를 하지 않을 수 없다."

///////////////

## 스마트 콘트랙트는 법적 계약인가?

"코드가 곧 법"이란 말은 블록체인에서 한 번 실행된 거래는 그 누구도 수정, 변경할 수 없고 중앙기관도 통제할 수 없음을 설명하기 위해 가장 널리 쓰이는 표현이다. 이렇게 보면 블록체인 전용 프로그램들이 법의 역할을 대신한다고 오해할 여지가 있다. 블록체인에서 프로그램이 자동 실행되고 프로그램 내 명시된 행동규약(코드)을 모든 참여자가 준수해야 하기 때문이다.

사실 이는 스마트 콘트랙트 프로그램뿐만 아니라 모든 컴퓨터 프로그램에 두루 해당하는 속성이기도 하다. 어떤 컴퓨터든지 코드를 무조건적으로 실행하고 코드 관련 지시사항을 엄격히 준수하도록 구성되기 때문이다. 그러나 블록체인의 특성 중 하나인 데이터베이스의 무결성을 생각해보면 또 다른 결론에 이르게 된다. 무결성이란 블록체인의 상태, 특히 가상화폐 계정의 '잔고' 상태를 계정 소유자와의 합의 없이 임의로 변경할 수 없다는 것이다. 이에 따르면 코드는 계약자의 법적 의무를 보장하기보다 권리를 박탈하는 것에 해당하므로 "코드가 곧 법"이라는 표현은 법의 관점에서 틀린 명제다. 따라서 스마트 콘트랙트는 법적인 의미에서의 계약이 될 수 없다.

실제로 스마트 콘트랙트는 개발자(현재까지는 인간)가 제작하고 기계(블록체인의 노드 연합체)가 실행하고 있다. 또 계약조항(코드)을 엄수해 실행되어야 하므로 계약조항 변경이 불가능하다. 이를 극명히 입증한 사례가 The DAO(2장 참조)였다. The DAO는 투자단과 투자 프로젝트 간에 체결된 투자계약서에 1개의 계약조항을 설정한 후 계약서상에만 명시하고 투자단에 고지하지 않았는데 나중에 보니 계약금 중 4천만 달러에 대한 지분 소유권 이전이 가능하다는 내용이 있었던 것이다.

프랑스 민법전 제 1108조에는 계약 당사자들의 계약 성립 의사에 관한 원칙이 명시돼 있다.

- 계약 당사자들은 계약 체결 의사가 있었는가? → 당사자들의 '동의' 여부를 확인해야 한다.
- 계약 당사자들은 계약 체결 능력이 있었는가? → 당사자들의 '능력'에 관한 문제다.
- 계약 당사자들은 어떤 목적으로 계약했는가? → 계약 체결에는 '목적'이 있어야 한다.

비파괴적 신뢰혁명 기술 블록체인

• 계약 당사자들은 어떤 이유에서 계약을 원했는가? → 계약 체결에는 '이유'가 있어야 한다.

첫째, 당시 THE DAO 투자자들은 스마트 콘트랙트 체결 능력이 있었을까? 당연히 없었다. THE DAO의 스마트 콘트랙트에 허점이 있고, 약정이 일반 계약의 목적에 부합하지 않음을 인지했어야 했는데 그러지 못했다. 단 한 사람만이 이 점을 알고 교묘히 이익을 챙겼다.

둘째, 계약의 취소 및 해제 가능성과 관련된 문제가 있었다. 계약자가 전혀 눈치 채지 못하는 사이에 스마트 콘트랙트에서 계약금이 빠져나갔지만 블록체인의 기본 원칙을 위배하지 않는 이상 계약 이전의 상황으로 소급할 수 없었다. 기존의 일반적인 계약은 계약자 중 어느 한쪽에 계약 체결 능력이 없을 경우 법원 판결에 따라 계약과 계약의 효과가 취소된다. 계약을 통해 이득을 취했던 쪽은 손해를 입은 쪽에 손해액을 반환해야 하며 필요 시 압류의 수단을 쓸 수 있다. 하지만 블록체인은 일단 계약이 성립된 이후로는 손해에 대한 예측이 일절 불가하므로 손해를 입어도 손해액을 반환받을 수 없다. 스마트 콘트랙트가 계약이 될 수 없는 까닭은 바로 이런 이유 때문이다.

그러면 어떻게 해야 할까? 스마트 콘트랙트가 일반 계약과 똑같은 효력을 가지려면 우선 계약서의 작성, 감사audit, 법적 유효성 검증 등의 임무를 해당 능력을 갖춘 개인이 수행하도록 하는 제도적 장치가 마련되어야 한다. 한편으로 계약 서명 후에 발생하는 모든 일에 대하여 권위 있는 기관(예: 법원)의 판결이 내려질 경우 계약 이전의 상태로 소급할 수 있는 제도적 장치도 필요하다.

프로그램 개발자들의 언어로 얘기하면 규정된 원칙에 따라 프로그램을 개발할 수 있는 안정된 패턴(개발 환경)을 구축하고, 규정된 환경에서 기존 코드를 재사용해 프로그램을 실행할 수 있는 프레임워크(제도적 장치)를 구성해야 한다. 이제부터 프로그램 개발자들과 법률 전문가들이 협력해 스마트 콘트랙트의 패턴과 프레임워크를 마련하고 관할권의 법률을 준수하는 구조로 재편해야 한다.

비파괴적 신뢰혁명 기술 블록체인

BLOCKCHAIN

Chapter 04

# 블록체인의 미래

"미래는 변화하도록 창조되었다"
— 파울로 코엘료(Paulo Coelho) —

# 혁명은 진행 중

경제·사회적으로 대격변의 기운이 꿈틀대고 있다. 어떤 이들은 개혁이라고 하고 어떤 이들은 혁명이라고 한다. 아무튼 수많은 분야에 근본이고도 총체적인 변화가 일어날 조짐이다.

18세기 이후 인류 사회와 경제 전반을 송두리째 뒤바꿔놓은 일련의혁명을 대략적으로 파악해봄으로써 앞으로 진행될 혁명에 대한 이해와통찰을 더해보자.

## 산업혁명 Industrial Revolution

1771년~현대를 3번의 산업혁명을 포함해 다섯 시기로 나눠 차이점을 알아보자[1].

### ① 1771년 - 1차 산업혁명:

기계 생산과 수력 발전의 시대

• 발상지 : 영국

• 촉매제 : 영국 크롬포드 지역에 영국인 아크라이트가 발명한 수력
　　　　　방적기 도입

• 처음 등장하거나 재(再)정의 된 산업 : 면방직공업, 제철, 기계

• 처음 등장하거나 재정의 된 기반시설 : 운하, 수로, 수력발전


### ② 1829년 - 증기기관, 철도의 시대

• 발상지 : 영국

• 촉매제 : 리버풀–맨체스터 구간 증기기관차 로켓 호 시험운영

• 신규 산업 또는 재정의 된 산업 : 증기기관, 철광/탄광(중추 역할),
철도 건설, 철도차량기지 건설, 무수한 산업(방직산업 포함)의 열원으
로 증기를 이용

• 신산업 또는 재정의 된 기반시설 : 철도, 우편, 전신(전국 규모),
대규모 항만·물류시설, 대형 범선, 도시가스


### ③ 1875년 - 2차 산업혁명 : 강철, 전기, 중공업의 시대

---

1　출처: 카를로타 페레스(Carlota Perez), 《기술혁명과 기술경제 패러다임(Technological Revolutions and Technoeconomic Paradigms)》

- 발상지 : 영국, 미국, 독일
- 촉매제 : 미국 펜실베니아주 피츠버그에 카네기-베세머 제철소 설립
- 신규 산업 또는 재정의 된 산업: 강철, 중화학공업, 토목공학, 전기 설비, 동·전기 케이블, 통조림·병조림 식품, 제지·포장
- 신산업 또는 재정의 된 기반시설: 쾌속증기선을 이용한 세계 탐험, 수에즈 운하, 대륙간 철도, 대규모 교량/터널, 국제 전신, 전화(전국 규모), 전력망(조명·산업용)

### ④ 1908년 – 석유, 자동차, 대량생산의 시대

- 발상지 : 미국, 독일
- 촉매제 : 미국 미시건주 디트로이트 포드 자동차 공장에서 최초의 대량생산 자동차 '모델 T(Ford Model T)' 생산
- 신산업 또는 재정의 된 산업 : 자동차 대량생산, 석유를 연료로 하는 내연기관, 원유거래, 석유화학(합성제품), 자동차용 내연기관, 운송수단, 트랙터, 항공기, 전차, 장갑차, 가전제품, 냉장고, 냉동고
- 신산업 산업, 재정의 된 기반시설: 도로망, 자동차도로, 항만, 공항, 석유 공급망, 세계적 규모의 전기 생산(산업·가정용)과 아날로그 전기통신(전화, 텔렉스, 케이블통신)

### ⑤ 1971년 – 3차 산업혁명 : 정보와 전기통신의 시대

- 발상지 : 미국

- 촉매제 : 캘리포니아주 산타클라라에서 인텔 마이크로프로세서
최초 출시
- 처음 등장하거나 재정의 된 산업 : 마이크로프로세서, 컴퓨터, 소프
트웨어, 원거리통신, 컴퓨터 제어장치, 컴퓨터 기반 생물공학, '혁명적'
신소재(합성수지, 실리콘, 세라믹)
- 처음 등장한 산업, 재정의 된 기반시설 : 세계적 규모의 디지털 통신
(케이블, 광학섬유, 라디오, 인공위성), 인터넷, 이메일, 인터넷 서비스,
초고속 교통수단 연계 서비스(육상-항공-해상), 인터넷을 통한 생산
패러다임의 변혁과 전 지구적 교류 증대

제레미 리프킨[1]은 1971년 태동한 '3차 산업혁명'(또는 정보혁명), 정보와
전기통신의 시대로 인해 전통적인 산업 형태와 확연히 구분되는 혁신
적 산업과 정보통신 관련 신기술이 발달할 것이라고 전망했다.


## 정보혁명에서 웹 2.0까지

'정보기술 혁명'을 단계별로 정리하면 다음과 같다.
- 1944년 컴퓨터
- 1954년 메인프레임(대형컴퓨터-역주)

---

1    제레미 리프킨(Jeremy Rifkin): 미국 경제학자, 문명비평가, 경제·과학 분야 미래예측전문가, 경제동향연구재단
(Foundation on Economic Trends)(http://www.foet.org/) 설립자.

- 1964년 미니컴퓨터(일반 컴퓨터와 PC의 중간급—역주)

- 1974년 퍼스널컴퓨터(PC)

- 1984년 애플 매킨토시 컴퓨터

- 1994년 인터넷

- 2004년 소셜 네트워크

- 2014년 블록체인


이러한 정보기술상의 변화는 어떤 면에서 혁명이라 할 수 있을까?

앞서 카를로타 페레스의 기술혁명에서 언급했듯이 진정한 혁명은 단순한 과학기술의 집적된 산물이 아니고 그와 차별화되는 두 가지 근본적 특징을 갖고 있다.

첫째, 혁신 기술과 시장에 참여하는 여러 시스템 간의 강력한 상호연결성, 상호의존성

둘째, 경제(와 결국은 사회) 전반을 근본적으로 변혁시키는 능력이다.

첫 번째 특징은 가시적으로 확인하기에 더 용이하고 보편적으로 용인되는 '혁명'의 성격을 정의하고 있다. 하지만 실제적으로 경제, 사회를 대대적으로 변화시키는 능력을 뜻하는 두 번째 특징이 정보기술 혁명을 진정한 의미의 혁명으로 만들어준다.

정보기술 혁명은 나머지 산업까지도 새로운 산업으로 변모시킨다. 또 이 신산업들이 장기간 성장 동력으로 작용하고 경제사회 구조를 재편함으로써 총체적인 생산력 증대에 기여하게 된다.

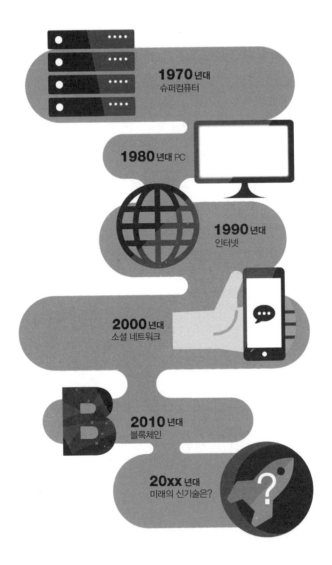

블록체인 기술은 1970년대 '슈퍼컴퓨터'를 시작으로 촉발된 기술정보

혁명의 계보를 이어나갈 것이며, 1980년대 PC, 1990년대 인터넷, 2000년

대 소셜 네트워크 이후 또 하나의 혁명으로 자리매김할 전망이다.

이것은 지난 40여 년간 정보기술과 산업구조가 꾸준히 진화한 데 힘입어 오늘날 세상을 뒤바꿀 블록체인 기술이 출현하게 되는 초석이 되었다.

## //////////// 금융 전문가 아르노 페슈[1]의 분석

"2015년 10월 경제 주간지 〈이코노미스트〉 온라인 판에 '블록체인 프로토콜 출현'이라는 기사가 뜨자마자 업계 전문가와 테크노파일(technophile, 신기술 추종자-역주) 사이에 일파만파로 공유됐다. 가상화폐 비트코인의 기본 토대가 된 블록체인은 중앙기관이나 제3 신뢰기관 없이도 낯선 사람들끼리 '신뢰를 형성'할 수 있는 플랫폼을 제공한다. 상호간의 약속 이행에 대한 확고한 믿음을 보장하는 장치다. 신뢰 보장의 수단으로 널리 알려졌고 일 년이 지난 지금도 관심은 여전히 뜨겁다. 언론도 이 새로운 프로토콜이 가져다 줄 가능성에 열광하고 있다.

누가 뭐라고 해도 신뢰 보장은 경제 분야를 지탱하는 중심축 가운데 하나다. 특히 금융시장은 보험, 증권, 채권 등 개인 자산관리 시스템의 토대를 이루며 개인 간의 상호 신뢰를 근간으로 형성되었기에, 블록체인 프로토콜이 약속하는 개인 간의 수평적 관계는 다분히 혁명적일 수밖에 없다.

블록체인 혁명의 잠재적 성공 요인 중 하나는 대중의 기대가 매우 크다는

---

1    **아르노 페슈**(Arnaud Pe'chox) : 비즈니스 컨설팅 기업 웨이브스톤(Wavestone) 금융서비스 부문 총책임자

점이다. 시기적절하게 등장한 데다 대중화에도 용이하다. 전 세계적으로 정치권, 권력기관, 금융시장, 은행권 등에 대한 신뢰가 무너져 수직관계 모델에 대한 회의감이 증폭하고 있는 상황에서, 논란을 불식시키고 명쾌한 답을 제시할 믿음직한 대안 모델이 나와야 하는 상황이기 때문이다.

먼저 우버화(uberisation, 개인 대 개인 간의 거래) 운동(움직임)은 사회 전반을 수평화 하는 디딤돌이 될 수 있다. 하지만 플랫폼상의 거래를 위해 중개자가 필요한 모델이며, 중앙집권적 감독기관이 이용자 거래를 중개하고 보상을 받는 방식이다. 이 중앙기관은 수행평가 시스템을 통해 이용자 공동체에 신뢰를 형성함으로써 기존의 소비 방식을 변혁시킨 최초의 협업 구조로 인정받는다.

블록체인은 이보다 더더욱 단단한 신뢰성을 약속한다. 탈중개화를 목표로 제3신뢰기관을 완전히 없앴다. 블록체인을 기반으로 하는 프로토콜은 적어도 이론상으로 중앙기관에 대한 철저한 불신에서 만들어졌다. 오로지 최종 소비자에게 이익이 돌아가도록 중앙 관리기관(중개자)을 과감히 철폐한 것이다. 같은 맥락에서 블록체인 프로토콜은 소스코드(원시코드)를 공개하는 오픈소스 기술에 기반을 두는데, 이런 측면에서 보면 '해커윤리'(오류 수정을 위한 컴퓨터 접근의 자유 보장, 정보의 완전한 공개, 권력의 분산 등–역주)에 착안해 고안된 셈이다. 신뢰가 기술을 토대로 성립되고, 기술은 신뢰를 창출하는 구조다. 이처럼 두 가지 상호 의존적 관점으로 인해 참여자들을 분열시키고 외부의 의심을 받을 여지가 있어 자칫 위험하게 느껴질 수 있다.

비파괴적 신뢰혁명 기술 블록체인

이러한 우려를 없애는 차원에서 블록체인을 구성하는 복잡다단하고도 핵심적인 주제들, 즉 블록체인의 규칙과 가치 그리고 거버넌스가 필요하게 됐다. 블록체인 프로토콜은 개개인을 네트워크로 묶어줌으로써 서로의 역량을 발휘하고 영향력을 주고받는 가운데 역학적으로 하나의 정치 형태를 구성하게 도와준다. 이처럼 분산되고 공개적이며 투명한 컴퓨터 시스템 위에서 개인의 행동 지침을 만들어가야 한다는 중차대한 사명을 띠고 하나의 공감대 즉, 대규모 '합의 장치'가 조성되었다. 합의 장치에서는 모든 걸 처음부터 새로 창조할 수 있으며 모든 가능성이 열려 있다. 구조상 차별이 존재하고 경직되어 있는 종래의 시스템에서 절대적 자유주의를 지향하는 상부상조형 조직으로 이동함으로써, 그 어떤 가능성도 고려해볼 수 있게 되었다. 바로 지금이 적기다. 무엇이든 자유롭게 시험해보고 이를 통해 최선의 모델을 찾아내야 할 때다. 하루 속히 이 새로운 시스템의 성능을 검증해봐야 한다. 더 미루다가는 시류에 뒤처지고 말 것이다. 그 길이 순탄치만은 않을 것이다. 블록체인 프로토콜이 오래오래 존속하려면, 로비활동을 통해 이해관계자들의 동의도 구하고, 분산형 메커니즘도 구축하고, 반대 세력도 극복해야 한다. 앞으로 블록체인의 역사에 더욱더 풍성하고 다채로운 이야기들이 더해질 것이다."

경제학자 및 연구자들은 산업혁명 발생의 필요조건으로 신에너지원이 있었다고 분석한다. 증기, 전기, 석유가 차례로 등장한 걸 보면 알 수 있다. 그러나 1970년대 정보혁명은 에너지원 없이 진행됐어도 혁명이라 부른다. 쉽게 추론해보자. 정보혁명의 에너지원은 정보기술, 즉 인터넷이 아니었을까? 인터넷이라는 정보기술 혁명 덕분에(또는 때문에) 일어난 거센 변화의 물결이 우리 경제와 사회 전반에 미치고 있는 건 아닐까? 블록체인 기술, 다시 말해 대규모 분산원장 기술은 인터넷이란 웹 네트워크를 토대로 작동, 확장하고 있는 건 아닐까?

추론이 맞는다면 우리는 분명 혁명의 중심에 있다.

《블록체인 혁명》의 저자 돈 탭스콧은 최근 "바야흐로 인터넷이 제2시기로 진입 중이다. 과거에는 '정보의 인터넷'이었다면 이제는 블록체인과 더불어 '가치의 인터넷'으로 격상하고 있다. 가치의 인터넷에는 경제와 정부업무를 향상시킬 수 있는 무한한 가능성이 있다."고 했다.

### 위베르 드 보플란 변호사의 견해[1]

"블록체인은 잘 도입되기만 하면 금융권과 금융시장을 필두로 수많은 분야를 혁신할 것이다. 중앙집중형, 피라미드형 조직에서 출발했던 기존 금융 사업자들은 이제 개방형, 탈중앙화 아키텍처를 사용하는 신규 진입자와의 경쟁 체제에 돌입하고 고객 중심의 수평적 조직으로 전환하는 유연한 자세가 필요하다."

전문가들은 블록체인과 웹의 비교를 통해 블록체인이 인터넷의 발명

---

1 인터넷신문 〈핀이어(Finyear)〉에 실린 위베르 드 보플란(Hubert de Vauplane) 변호사의 칼럼 인용

만큼이나 혁명적이라고 단언한다. 1990~2000년대 인터넷이 사회 전반을 혁신한 데는 데이터 검색 방식을 변화시키고 온라인 커뮤니티 내 정보 공유 시스템을 구축한 공이 컸다. 미국계 전략컨설팅 기업 PwC의 자회사인 '스트래티지앤드Strategy&'의 스위스 지사 컨설턴트 대니얼 다이머는 블록체인이 훨씬 더 혁신적이라고 설명한다. "블록체인을 이용하면 소유권증명서, 일반·디지털 증권, 신원증명서 등 어떤 종류 데이터도 분산된 방식으로 관리할 수 있다. 요컨대 블록체인 기술은 디지털 문서를 실시간으로 분산 저장해 네트워크 전체 문서를 일괄적, 통합적으로 관리하는 기술이다." 우리는 '창조적 파괴'의 과정에 놓여있다. 다시 말해 기존의 직업과 시장을 창조적으로 해체하고 새로운 일자리와 시장을 생성하는 시대에 있다. 1942년 경제학자 슘페터가《자본주의, 사회주의와 민주주의》에서 말했듯이 "새것은 옛것에서 비롯되지 않고 옛것과 나란히 경쟁을 벌이다가 결국 옛것을 파괴시킨다."

인터넷에 이어 공유경제와 함께 진행됐던 '웹 2.0' 시대가 블록체인 기술과 더불어 절정기에 오르면 그 이상의 새로운 가치를 창조하는 '웹 3.0시대가 열릴 것으로 보인다. 블록체인 기술은 인터넷을 기반으로 사물인터넷과 인공지능, 스마트 에너지, 스마트 도시, 스마트 빌딩과 자동차 그리고 스마트 산업을 구현함으로써 경제·사회 전반에 투명성, 공유성, 신뢰성 수준을 높여줄 전망이다. 요컨대 블록체인 기술이 차기 혁명을 주도함에 따라 가까운 미래에 각종 조직은 물론 일반 대중까지도 구체화된 블록체인 애플리케이션을 경험하게 될 것이다.

# 성찰과 통찰

2007~2008년 세계 금융위기로 금융기관에 대한 신뢰가 추락하고 사회에 대한 불신이 팽배해질 무렵 비트코인과 블록체인 기술이 잇따라 출현했다. 이때부터 금융계에 자유지상주의(libertarianism)[1] 정신이 태동하더니 은행을 비롯한 금융기관들이 맨 먼저 비트코인에 반응하고 금융계의 판도를 뒤바꿀 새로운 기술에 적응하고자 노력했다. 그 기술은 탈중앙화와 분산화를 통해 신뢰, 공유, 투명성을 보장하는 블록체인 기술이었다.

블록체인 기술 때문에 또는 덕분에 단 몇 달 사이에 경제, 사회가 변화, 변모하리라 기대하는 것은 성급한 희망일 것이다. 중요한 사실

---

1   자유지상주의(libertarianism) 또는 급진자유주의(Libertarism)는 개인의 자유를 제한하는 국가의 어떤 역할도 거부하고, 자유경쟁시장 옹호, 자연법 사상을 본질로 삼는 자유주의 정치 철학 이념이다.

은 이제 막 시동이 걸린 상황에서 제동을 걸만한 장애물이 거의 없다는 점이다. 세계 각지에서 암호화폐 및 퍼블릭 블록체인 도입 프로젝트가 추진 중이며 공공·민영 기관들은 국제적 규모의 블록체인 프로젝트에 착수했다. 이쯤 되면 블록체인이라는 혁명에 관한 고찰이 필요하지 않을까? 이로 말미암아 인류는 새로운 세상으로 나아갈 수 있지 않을까? 우리의 생활 방식에는 또 어떤 영향이 미칠까?

다음의 세 가지 화두에서 깊이 생각해보고 블록체인에 대한 식견을 넓혀보자.

첫째,
# 비트코인의 현금 대체를 주장한 미국 경제학자

국제통화기금 수석 경제학자를 지내고 현재 하버드대학교 경제학과 교수로 있는 '케네스 로고프'Kenneth S. Rogoff는 종이화폐를 사용하는 목적과 종이화폐가 경제에 미치는 부정적 영향에 관해 설명했다.

신작《화폐의 종말The Curse of Cash》 본문과 2016년 9월 초 가진 출간기념 기자회견에서 로고프 교수는 종이화폐를 폐지해야 하는 중대한 이유를 두 가지 제시했다. 종이화폐가 지하경제를 활성화한다는 점과 미국 정부의 현금흐름 관리 능력이 없다는 점이었다.

## ① 지하경제를 조장하는 현금

공개 분산원장으로 투명한 금융거래를 보장하는 화폐(예: 비트코인), 즉 '익명성' 디지털 화폐가 지하경제를 키우는 원흉으로 지적된 바 있다.

디지털 화폐가 불법거래와 범죄의 온상이 될 수 있고, 철저한 익명성으로 대부분 현금세탁에 악용되고 있다는 이유에서다. 이로 인해 각국 정부는 금융 범죄의 현금 이동경로를 추적하기가 더더욱 힘들어졌다.

이런 이유로 로고프 교수는 각국 정부 중에서도 특히 미국 정부에 현금의 점진적 폐지를 제안하고, 현금 폐지가 유통 중인 현금 규모를 감소시키고 자금 은닉이나 탈세, 부정부패 등의 지하경제를 억제하는 묘책이 될 것이라고 설명했다.

## ② 마이너스 금리

아울러 로고프 교수는 미국 연방준비제도를 포함한 세계 중앙은행이 경기 부양책으로 마이너스 금리를 시행하고 있다고 분석했다. 이론상으로 금리가 0% 이하로 떨어지면 예금자들이 손해를 면하고자 서둘러 예금을 인출할 테고, 그러면 시중에 유통되는 현금이 늘어나기 때문이다.

실제로 대형 중앙은행과 일반은행 가운데 마이너스 금리 정책을 시행하는 은행들이 있었다. 예금자들은 현금을 인출하기는 하는데 오히려 집안 장롱, 전자레인지에 보관하거나 그 돈으로 귀금속(금, 은 등)을 구매하기 시작했다. 현금이 시중에 나오긴 했으나 사용되기보다 또 다시 묶이고 있다.

비파괴적 신뢰혁명 기술 블록체인

### ③ 비트코인의 역할

각국 정부가 현금 폐지 계획에 착수하면 그 다음 단계로 디지털 통화 시스템이나 거래 장부가 구축될 것이다. 그동안 현금 폐지안에 대한 면밀한 분석과 예측을 벌였던 영국 중앙은행과 일부 중앙은행은 블록체인 기술 기반의 중앙집권형 디지털 통화 시스템 구축 방안을 검토 중이다.

그리하여 프라이빗 블록체인이 도입되면 비트코인 등의 디지털 화폐 수요가 급증하고 가치가 증가해 세계 경제에서 중요한 위상을 차지하게 될 것이다.

둘째,
# 블록체인은 사회·경제적 혁명일까?

### ① 인터넷 가치 남용에 의한 소수 특권자의 이익

1990년대 말 시작된 인터넷 혁명은 인터넷 고유의 개방성과 국제적 규모에 힘입어 통제와 규제가 없는 이른바 '자유의 바람'으로 불렸다. 이후 몇 년간 인터넷 생태계는 대중의 인기와 신뢰를 등에 업고 새로운 국면을 맞이했다. 이 국면을 주도하는 기업들을 묶어 GAFA [Google(구글), Amazon(아마존), Facebook(페이스북), Apple(애플)]라고 하며, 최근에는 NATU [Netflix(넷플릭스), Airbnb(에어비앤비), Tesla(테슬라), Uber(우버)]라고도 부른다. GAFA의 당초 취지는 국가가 경제를 감독하는 체제에서 탈피해 일반 대중에 더 많은 권리를 부여하는 것이었고, 분야별 최고 전문가들이 모여 중앙 관리자를 배제한 P2P 방식 서비스를 운영하기 시작했다. 그런데 결국엔 기업 소유자이자 배타적 수익자로 변모했다. 뼈대를 세워 틀을 잡고 모습을 드러내기까지 20년이 걸린 모델이 '소수의 특권자happy few'를 낳고 만 것이다. GAFA는 누구나 자유롭고 편리하게 사용할 수 있는 인터넷을 발판으로 설립되고 성장했으며 국가 관리체계에서 벗어나 자율적 운영 시스템을 갖추는 데는 성공했으나, 이를 통해 창출된 가치는 시스템 이용 능력을 가진 소수의 주머니 속으로 들어가고 있다.

## ② 블록체인, 신뢰의 회복

몇 달 전부터 사회, 민간, 경제, 디지털, 정치의 각계각층에서 전에 없던 새로운 종류의 혁명, 디지털 혁명, 블록체인 혁명을 얘기하고 있다. 경제 주간지 〈이코노미스트〉는 '암호화폐 비트코인'의 기반이 된 블록체인 기술을 "신뢰를 창출하는 장치"로 평가했다. 블록체인은 오래전부터 쌓여 온 정치, 금융 시스템의 위기로부터 다시 신뢰를 일으켜 세울 구원투수로 기대를 모으고 있다. 하지만 그 역할을 어떻게 해낼까?

블록체인 시스템을 구성하는 다음의 3대 메커니즘에서 그 답을 찾고자 한다.

- **비대칭형 암호화 알고리즘**
- **탈중앙화 시스템**

**• 제3신뢰기관 없이 분산된 방식으로 합의를 도출하는 P2P 모델**

블록체인은 중앙의 중개기관에 의지하는 기존의 경제, 금융, 사회 시스템을 혁신할 새 희망으로 주목받고 있다. 일선 기관과 정부를 비롯해 더 넓게는 제3자 전문기관의 기능에 막대한 영향을 미칠 전망이다. 이러한 블록체인 기술은 P2P 서비스의 대표격인 우버에 왕관을 씌워 줄, 우버를 우버화(化)하는, 우버의 결정판이라는 말이 있을 정도다.

블록체인은 혁명의 씨앗을 품고 있다. 인터넷은 혁명의 불씨로 기대를 받았지만 개인의 자유와 가치를 공유하기보다 도리어 통제와 불투명함과 패권의 방향으로 가고 있다. 반면에 블록체인은 낯선 개인들이 모인 네트워크를 기반으로 서로가 서로에게 확고한 신뢰를 주고 상호 협력하며, 각자의 역할을 수행해 가치를 창출한다. 공평하고 투명하며 보안이 확실하고 위변조가 불가능한 방식으로 가치를 공유하는 만큼 혁명의 싹을 틔울 준비가 충분히 되어 있다. 또 비트코인은 블록체인 기술을 기반으로 한 최초의 모델로서 블록체인의 가능성을 입증하고 있다. 블록체인은 지구 반대쪽에 있는 두 사람이 은행의 중개 없이 투명하고 안전한 분산형 거래 방식에 따라 제로에 가까운 송금 수수료로 거래할 수 있게 한다. 경제·사회적으로 무한한 잠재력을 드러내고 있다.

### ③ 민주주의적 기술

블록체인은 근본 자체가 민주적이며 기술적 측면에서 오픈소스 모델에 기반을 두고 있다. 오픈소스 모델은 소프트웨어 개발 분야에서 오래 전부터 효과가 입증된 모델로 전문가 층에 국한되기는 하지만 누구나 블록체인에 쉽게 접근할 수 있도록 도와주는 것이 특징이다. 초창기에도 그랬지만 블록체인이 앞으로 어떤 모습으로 진화할지는 개발자, 이용자들의 의사에 달려있다. 물론 이들은 블록체인 커뮤니티의 제안에 동의할 수도 그렇지 않을 수도 있다. 언제든지 공동체의 입장을 수용 또는 거부할 수 있는 권한이 있기 때문이다. 따라서 합의는 블록체인의 중심이 되는 금융거래 승인 기능보다 더 결정적으로 불록체인의 발전에 관여하는 기능이다. 이처럼 블록체인은 민주적 모델로서 순기능이 많은데 한편으로 이 점이 장애 요인으로 작용하기도 한다. 철저히 분산된 거버넌스이기에 규칙 준수와 구성원 합의 없이는 아무것도 진행할 수 없기 때문이다. 그야말로 완전히 정치적인 시스템이므로 모든 활동이 투표에 의해서만 결정되며 합의 없는 일방적 결정은 규탄의 대상이 된다. 투표 절차는 당연히 민주적인 기법을 따라야 한다.

다음의 두 가지 방식 중에서 선택할 수 있다.

첫 번째, 이용자 전원이 각자의 양심과 선택에 따라 투표하는 방식 즉 신뢰 회복을 목적으로 창안된 블록체인 본연의 취지에 따라 민주적 경쟁력을 높이는 투표 방식이 있고,

두 번째는 블록체인에 대한 영향력이 큰 개발자와 이용자들을 신임하여 그들에게 투표권을 위임하는 대의제 투표 방식이 있을 수 있다.

직접투표와 간접투표 같은 방식이다.

④ 또 다른 형태의 중앙집권적 조직이 될 위험성

블록체인은 탈중앙화 조직으로 출발했지만 단기간 내 또 다른 형태의 중앙집권적 조직으로 변질될 가능성이 있으니 조심해야 한다. 앞서 살펴봤듯이 인터넷은 전문 기술력을 지닌 소수에게 가치 창출의 권한이 집중되었다. 블록체인도 **연산 작업 권한을 가진 소수의 이용자가 가치 창출의 기회를 독점할 우려**가 있다. 블록체인 작업의 핵심 단계인 채굴의 경우 거래 승인 임무를 맡은 일부 이용자 즉, 채굴자만이 연산 문제를 풀 수 있고 그 결과 거래내역이 블록과 블록체인에 차례로 등록된다. 비트코인 블록체인은 채굴이 점차 어려워지면서 **채굴자들끼리 채굴 그룹을 결성해 가치 창출의 기회를 독점하려 한다는 점이 최대 문제**로 지적되고 있다. 연산 작업이 몇 십 개 그룹에 편중돼 있기 때문이다. 앞으로 몇 년 안에 소수 그룹들이 전체 연산 작업의 51% 이상을 수행하면 거래정보를 위변조해 사기 행각을 벌일 수도 있다. 개발자와 이용자들은 블록체인이 예정된 노선에서 벗어나 또 다른 형태의 중앙집권적 조직이 되는 사태가 벌어지지 않도록 노력해야 할 것이다. 그렇지만 전체 구성원의 합의 없이는 중앙집권적 조직으로 빗나갈 위험은 없을 것이다.

⑤ 상승세에 있는 블록체인, 여전히 획기적인 기술 필요

블록체인 기술은 탈중앙화 자율조직(DAO) 기술을 통해 대단히 전도유망하고 새로운 형태의 조직들을 구성했다. 향후 이 조직들은 중앙

집권식 조직에서 탈피한 분산형 거버넌스 기반 조직으로 거듭날 전망이다. 조직 구성원들은 위계질서에서 벗어나기 위해 그룹을 결성하고 하나 이상의 프로젝트를 수행할 것이다. 아울러 모든 활동이 코드를 통해 관리되고 구성원끼리 최적의 방식으로 가치를 공유할 것이다. 그렇다면 서로 의견이 엇갈리거나 부딪힐 경우에는 어떻게 중재할까? 원하는 방향으로 흘러가지 않고 삐걱거리면 원상태로 되돌릴 수 있을까?

블록체인은 당초 선언대로 디지털 혁명으로 자리매김하려면 뛰어넘어야 할 장애물이 아직 많다. 무엇보다 소수의 디지털 전문가들에게만 집중적 관심을 받고 있다는 것이 문제다. IT 조사기관 가트너Gartner는 매년 《하이프 사이클Hype Cycle》을 발표해 '신기술 수용 주기'를 보고하는데, 이에 따르면 블록체인은 현재 '**과장된 기대로 인한 거품 단계**[1]'에 와 있다. 다시 말해 '거품이 제거되기 전 단계'이다. '거품이 제거되는 단계'로 접어들면 마치 사막을 횡단하는 듯한 고비를 맞게 된다. 그렇다고 블록체인이 사람들 기억에서 잊힐 우려가 있다는 말은 아니다. 블록체인 기술에 기반을 두고 탄생한 여러 기업과 프로젝트가 실패의 나락으로 떨어진다는 얘기는 더더욱 아니다. 블록체인이 앞으로 다가올 사회·경제적 기회를 꽉 잡을 수 있도록 만반의 준비를 하고 있어야 한다는 말이다.

---

1  거품 단계(peak of inflated expectation)는 다음과 같이 정의된다. '미디어에서 과장되고 비현실적인 기대로 열광하며 대중의 이목을 집중시킨다. 신생기업들은 신기술을 토대로 제품 개발과 상업화에 돌입한다.' (출처 : 위키피디아Wikipedia).

비파괴적 신뢰혁명 기술 블록체인

셋째,

# 블록체인이 혁명이라면…어떤 혁명일까?

블록체인을 놓고 숱한 질문이 쏟아지고 있다. 현재의 활용 실태와 미래의 잠재적 활용 방안 즉 제3신뢰기관의 폐지, 거래정보의 보안, 거래 인증에 대한 공증, 자원공유 기술, 규모의 경제, 거래 보증, 계약의 자동실행, 프로세스의 탈중앙화 등에 관해 의견이 분분한데, 사실 그보다 더 복잡한 문제들도 있으니 자세히 파악해야 한다.

어떤 사회든 순탄하고 단조롭게 흘러가는 법이 없다. 혼란과 격변의 시기를 겪게 마련인데 이 시기는 비교적 빨리 지나간다. 이 시기에 성취한 업적은 단기간의 산물이기는 하지만 이후 수세기에 걸쳐 사회 구성원들이 그 결실을 향유한다. 이때 권력을 쟁취한 세력은 실세로 등극하게 되는데, 이들이 끊임없이 사회를 보수하고 수정, 개선, 시정할 때 사회가 원활히 돌아갈 수 있는 안정된 기반이 형성된다.

## ① 혁명과 격변

알다시피 서양 근대사회는 14세기 르네상스, 16~17세기 계몽주의를 통해 격변의 시대를 거친 후 2세기도 안 되는 짧은 시간에 급속도로 발전했다. 1789년 프랑스 혁명으로 인해 촉발돼 19세기말까지 진행된 산업혁명 덕분이었다.

한 세기가 지날 때마다 급격한 변화를 맞이했으며 그 결과 세상은 이전에 정보를 기록하고 생활하던 모습과는 전혀 딴판으로 달라졌다. 아울러 변화에 부응하고 변화를 실현하는 데 필요한 도구를 창조했다. 인쇄술을 생각해보자. 원래 인쇄술은 중세시대에 기독교 교리 전파용으로 발명됐으나 이후 근대 르네상스 시대에는 인간 해방을 주창하는 인본주의 이념을 전파하는 실용적 수단으로 변모했다.

이러한 예에서 알 수 있듯이 인류의 기술은 날로 진화, 발전하면서 증분(增分) 해왔다. 기술은 사회의 개선, 수정, 변화에 일조하기는 했지만, 사회 기반이나 현실을 묘사하는 방식에 문제를 제기하지는 않았다 (앞서 살펴봤듯이 증기기관에서 전동기로 전이됨으로써 산업의 양태를 변화시키기는 했지만 '어떻게 생산할 것인가'와 같은 기본적인 경제 원리에는 문제를 제기하지 않았다). 그렇지만 기술은 종래의 사회생태계를 토대부터 근본적으로 변화시키는 면모도 보여주었다고 볼 수 있다.

## ② 블록체인, 다섯 가지 이념을 구현하다

지금까지의 기술은 어떤 목적을 실현하기 위해 발명되었느냐가 아니라, 세상을 관찰하고 논의하는 방식을 어떻게 새롭게 제시하느냐에 따라 그 가치와 특징이 달리 결정되었다. 블록체인은 이런 면에서 종래의 기술과 차별된다. 우리 사회에 근본적이고도 획기적인 변화가 필요하며 이 사회 변화의 목적을 실현해야 한다는 메시지를 전하고 있다. 2세기 전부터 꾸준히 구축되어온 사회 모델을 송두리째 바꿔야 한다는 화두를 던졌다. 이에 따라 기존 사회 모델이 어떤 중대한 문제를 안고 있는

비파괴적 신뢰혁명 기술 블록체인

지 지적한다.

블록체인이 변화시킬 분야는 가치, 화폐, 노동, 개인, 민주주의의 다섯 가지로 집약된다. 그 밖의 중요한 문제(예: 환경보전, 에너지 관리 등)에도 얼마든지 부응할 수 있다. 블록체인이 자체적으로 이 다섯 가지 이념을 내포하고 있다기보다 이러한 문제를 제기하는 것으로 해석된다.

흔히 블록체인의 잠재력이 닿을 수 있는 분야를 **경제**(금융거래의 탈중앙화와 간소화, 비싼 수수료를 요구하는 중개자의 배제), **기업**('기업 4.0'에 해당하는 분산자율조직 DAO의 모델화), **애플리케이션**(거래정보 및 데이터 보안), **거버넌스**(분권화, 합의)로 한정하는 경향이 있는데, 이처럼 블록체인을 기능에만 국한해 인식하면 역사적 관점에서 폭넓게 이해할 수가 없다.

그보다는 **가치**(블록체인은 본질적으로 어떤 가치를 지니는가), **화폐**(어디에 쓰이는가, 얼마의 값어치를 갖는가, 누가 발행하는가), **노동**(무엇을 생산하는가), **개인**(우리는 우리 자신을 어떤 존재로 정의하는가), **정치·사회적 조직**(어떤 거버넌스 모델로 운영되는가)의 관점에서 차례차례 접근해보면, 단순한 기능이 아닌 전도유망한 이론 모델의 관점에서 블록체인을 이해할 수 있다.

③ 블록체인의 출현

블록체인을 활용하는 방법, 사례들이 속속 나오고 있는 가운데, 블록체인이 약속하는 미래를 폄하하거나 블록체인의 영향력을 약화시키는 발언도 꽤 많다. "1996년, 2006년, 2016년을 사는 사람들에게 웹 (Web)은 무엇이고 어디에 쓰이는가?"라는 질문을 하면 시대상에 따라 전혀 다른 답이 나오듯이 "블록체인은 무엇이고 어디에 쓰이는가?"라는 물음에 대해서도 현 시점에서 시대별 견해가 총망라된 완벽한 답을 얻을 수 없다. 그래도 연구와 통찰은 가능하다. 막연한 예언이나 예측에 휘둘리지 말고 정확한 활용법과 학습의 필요성을 깨달아야 한다.

현재 블록체인은 '말하기'와 '실천하기' 사이에서 서서히 모습을 드러내고 있다. 흔히 블록체인이 어떠어떠하다고 말로만 하는 경향이 있는데 그러면 블록체인을 거래 장부라는 경제적 의미의 틀에 국한시키게 된다. 예를 들어 "블록체인을 통해 경제적 이익을 취할 수 있을 것"이라고 말하면 블록체인을 논리, 어휘, 개념으로만 정의하게 된다. 맞는 말이긴 한데 사실은 틀렸다.

단기적으로 보면 맞지만, 블록체인이 장기적으로 무궁무진한 부가가치를 창출하면서 새로운 형태로 재편될 것임을 감안해보면, 너무 좁은 틀에 갇힌 근시안적인 사고임에 틀림없다.

## ④ 블록체인은 세상에 혁명을 가져 올 도구다

블록체인은 혁명이 아니라 세상에 혁명을 몰고 올 도구다. 역설적이지만 블록체인이 무엇인지 정의하면 미래에는 지금과는 다른 세상이 펼쳐짐을 보여줄 수 있다. 블록체인은 혁명 그 자체가 아니므로 세상을 뒤바꾼다는 관점에서 해석하면 안 된다. 또한 단순한 전문기술로만 봐서도 안 되는 것이 그 본질을 보지 못하는 우를 범할 수 있기 때문이다. 요컨대 블록체인은 인류문명의 발달에 기여하는 인공적 산물이다. 과거에 세계를 호령했던 '제국들'의 입장에서 르네상스와 계몽주의, 산업혁명이 급진적이고 획기적이었던 만큼, 블록체인도 이 시대에 충분히 그러한 변화를 가져 올 잠재력을 품고 있다.

# 03

# 결 론

1990년대 인터넷이 출현할 무렵 전문가들은 일대 혁명을 예견했다. 사회, 경제, 기술 전반에 대대적이고 급격한 변화가 기다리고 있으며, 그 결과 우리는 일자리를 빼앗기고 일상의 모습 또한 전폭적이고 다각적으로 변모할 것으로 내다봤다.

그로부터 30년이 지난 현재, 예고했던 빅뱅 수준의 혁명은 일어나지 않은 듯하다. 물론 잇따른 기술 발전으로 수많은 비즈니스 모델과 경제, 사회 분야에 크나큰 변화가 도래한 건 사실이다. 인터넷 관련 기술도 인터넷 창시자들의 예상을 뛰어 넘어 수없이 다양한 분야에서 무궁무진하게 활용되고 있다. 다만 웹을 통해 인류에게 전보다 자유롭고 편리한 세상을 열어주겠다는 약속은 온전히 이행되지 않았다.

비파괴적 신뢰혁명 기술 블록체인

웹은 초창기의 '단순한' 아키텍처에서 점점 진화해 콘텐츠(블로그) 웹, 전자상거래 웹으로 발전했으며, 뒤이어 X세대와 Y세대는 한층 폭넓고 새로운 사용 기능을 갖춘 소셜 웹(페이스북, 인스타그램 등)을 발명했다. 특히 소셜 웹은 투명성 강화와 공유기능 추가로 사회·경제에 총체적 변화를 몰고 왔다. 그리하여 상호부조 방식의 콘텐츠 구축, 즉각적이고 협력적인 상거래, 시민 발언권 확대, 상호협력 네트워크 등이 실현됐다.

그 후로도 웹의 진화는 계속됐다. 전에 없던 참신한 방식으로 활용되어 블라블라카BlaBlaCar, 에어비앤비, 우버 등의 선도적 모델이 나왔다. 또 이를 기반으로 중개자 없이 P2P 플랫폼 구축이 가능한 우버화 기술도 등장했다.

대부분 기업들은 점차 인터넷에 적응해나갔다. 요즘에는 블록체인이라는 신기술을 접하고 장차 이 기술이 어떤 미래를 약속하는지 인지해 나가고 있다. **블록체인의 핵심은 기존 비즈니스 모델을 절멸시키는 파괴성이 아니라 변화, 개선시키는 혁신성에 있기 때문이다.**

앞으로는 일반인들도 블록체인 기술과 분산합의 프로토콜에 토대를 둔 탈중개화 서비스, 디지털화폐를 경험하게 된다. 수수료 없이 즉시 처리되는 금융거래, 중개자(제3신뢰기관) 없는 소셜네트워크, 중앙통제기관 없는 조합형 보험, 모바일 앱을 통한 자동차 공유, 투명한 민주주의, AI 기반 스마트 도시, 스마트 에너지 등을 경험할 전망이다.

2008년 세계 금융위기 이후로 은행과 금융기관은 물론 정치인, 행정

기관, 국가를 향한 대중의 불신이 깊어졌다. 이로 인해 우리 자신과 일맥상통하고 닮은 '또 다른 우리', 이를테면 우리의 분신격인 알테르 에고(alter ego-한 사람 내면에 있는 두 가지 인격체-역주)를 신뢰하며 새로운 형태의 정치 거버넌스를 모색해왔다.

이윽고 새로운 세상이 열렸다. 탈중앙화, 독립성, 신속성이 강화된 인터넷 미디어를 기반으로 정보의 투명성이 실현된 세상을 거쳐, 소셜 네트워크와 협업 공간(위키wiki 등)을 토대로 모든 정보를 공유하는 세상이 도래했다. 네트워크와 모바일로 인해 사회 구석구석에서 우리의 사생활이 침해받는 점은 있지만, 바야흐로 블록체인 기술에 힘입어 그 새로운 활용 방안을 모색함으로써 신뢰를 공유하는 시대를 맞이하고 있다.

웹을 토대로 개발된 블록체인 기술이 웹의 저변을 더욱 확대하고 있다. 블록체인은 중개자 없는 합의 프로토콜을 통해 더 심층적이고 광범위하게 발전할 전망이다. 중개자가 완전히 사라진 세상에서 우버 서비스도 완전히 탈중개화되어 필리프 에를랭[1]이 예견한 대로 **'궁극의 우버화'**를 경험하게 될 것이다.

과거 웹 시대의 주역들은 기술의 중심에 휴머니즘, 자유, 신뢰를 불어넣고 위키노믹스(대량협업)에서 트러스트노믹스(신뢰) 세상으로의 진보를 꿈꿨다. 지금부터 그 목표를 블록체인이 이어받아 완수할 것이다.

---

1   필리프 에를랭Philippe Herlin : 경제학자, 〈비트코인 혁명과 보완통화〉 저자(책 후반부 '감사의 글' 참조).

이제 우리 손으로 그런 세상을 만들어 나가야 한다.

블록체인 솔루션과 함께하는 여행이 시작됐다. 경제와 사회를 비롯한 각계 각 분야에서 무궁무진한 가능성, 다양한 활용도, 혁신적인 잠재력을 지닌 블록체인은 더없이 희망적이고 낙관적인 미래를 약속하고 있다.

다만 블록체인은 앞서 말한 대로 혁명 그 자체는 아니다. **"이 세상에 혁명을 가져다 줄 도구"**[1] 인 것이다.

---

1    브레지Alain Brégy의 인용문 : 전자민주주의, 전자시민권, 자유통화 도입을 주장.

# 에필로그

한 권의 책은 혼자서는 절대 완성할 수 없는 협업의 산물이다(주제가 협업의 기술일 때는 더더욱 그렇다). 이 책이 세상에 나올 수 있도록 처음부터 끝까지 길을 안내하고 조언과 깨우침을 준 전문가 한 분 한 분을 소개해 드리며 감사의 인사를 전하고 싶다.

[원문에는 성 – 이름 순으로 기재되고, 다시 알파벳 순으로 열거돼 있습니다. 혼동을 막기 위해 '이름–성'으로 옮겼습니다 – 역자]

### 파스칼 아고스티(Pascal Agosti)

프랑스 니스 변호사협회 소속 법률법인 카프리올리 앤 아소시에 (Caprioli & Associés) (www.caprioli-avocats.com) 변호사. 신기술·정보통신 관련법 전문. ISO 27.001. 인증심사원(Lead Auditor) 자격. 법학박사. 비즈니스 계약법 박사논문 제출 자격증(DEA, Diplôme d'études approfondies) 획득.

– '정보통신전자계약', '탈물질성(dematerialization)' 전문 변호사

– 프랑스 니스 소피아 앙티폴리스 대학교(l'université de Nice Sophia Antipolis) 교수

– 라 로셸 대학교(l'université de La Rochelle) 'ICT 법' 및 '제3신뢰기관' 박사 학위

### 세바스티앙 부르기뇽Sébastien Bourguignon

IT 컨설팅 기업 'OCTO Technology' 경영자, 블록체인 전문가. 디지

비파괴적 신뢰혁명 기술 블록체인

털 기술, 혁신, 스타트업에 관한 지대한 관심으로 이 분야 정보를 공유하는 블로그 개설하고 스타트업 지원 프로젝트 #PortraitDeStartuper를 통해 창업 희망자들에게 유익한 정보를 제공하고 있음. 그밖에 〈르 세르클 레 제코Le Cercle Les Échos〉, 〈시에클 디지털Siècle Digital〉, 〈르 주르날 뒤 넷Le Journal du Net〉 등의 다수 매체에 플랫폼 관련 칼럼을 정기 기고함. http://sebastienbourguignon.com, http://www.octo.com

### 알랭 브레지Alain Brégy

전자민주주의e-democracy, 전자시민권e-citizenship, 자유통화free currency의 도입을 옹호하는 운동가. 디지털 기업 볼 드 뉘Vol de nuit를 설립해 인공지능, 증강현실, 웹 애플리케이션, 공유 플랫폼, 블록체인 솔루션 등의 혁신적인 디지털 응용기술을 개발함.

프랑스 블록테크 협회Association de France Blocktech, 프랑스 블록체인생태계협회Association de l'écosystème blockchain français을 공동 설립하고, 알자스 블록체인 그룹Groupe Blockchain Alsace을 조직함. http://e-vdn.com/ (Vol de nuit) et http://www.france-blocktech.org

### 비달 슈리키Chriqui Vidal

빅데이터/분산시스템 전문가. 남들보다 훨씬 앞서 비트코인 기술, 블록체인 파생 기술에 관심을 보임. 프랑스어 문화권(프랑코폰) 대상으로 최초의 비트코인/블록체인 교육 프로그램 〈블록체인 혁명〉 제작. 블록체인 기반 사물인터넷 개발을 목표로, 사물인터넷 내의 공공 분산원장 프로토콜과 소액결제 채널micropayment channel에 관한 연구에 주력하고 있음. http://www.sii.fr

**루카 콩파리니**Luca Comparin

2015년 9월부터 IBM 프랑스 내 블록체인 프로젝트 총괄. IT 인프라 분야 10년 이상 경력. 블록체인 기술, 인지정보과학, 사물연결 기술 등의 혁신 분야와 오픈소스 생태계에서 맹활약 중인 천재적 비즈니스맨. https://www.linkedin.com/in/lucacomparini

**파브리스 크루아조**Fabrice Croizeaux

프랑스 이공계 그랑제콜 '에콜 센트랄 리옹'Ecole Centrale de Lyon 및 프랑스 경영대학원 HEC 파리 졸업. 룩셈부르크계 기업 인테크InTech의 최고경영자.

인테크는 정보 시스템 컨설팅 및 특수 애플리케이션 개발 부문 전문 인력 100여명을 보유하고 있으며, 고객사의 혁신을 위한 신기술 활용 지원 서비스 제공함. 디지털 문명, 아키텍처 개발에 열정적으로 임하고 있으며 탈중앙형 신뢰 시스템이 광범위한 분야에서 블록체인 혁명을 주도하는 기반이 될 것을 확신함.

**위베르 드 보플란**Hubert de Vauplane

비파괴적 신뢰혁명 기술 블록체인

뉴욕 소재 로펌 크레이머 르빈(Kramer Levin) (금융·은행법, 대안금융, 자산관리, 디지털결제 전문) 파트너 변호사. 프랑스 블록체인 생태계 협회 '프랑스 블록체인France Blocktech' 운영자.

### 장폴 들라예Jean-Paul Delahaye

정보과학자, 수학자, 프랑스 릴대학교 l'université de Lille교수. 다수의 온라인 기사 발표.

### 로랑 에노크Laurent Henocque

이공과 대학생·박사로 블록체인 관련 연구 수행. 인공지능, 소프트웨어공학, 인간기계 인터페이스 분야의 교사 겸 연구자. 웹 의미론 연구 수행 후 킥스KeeeX 설립. 킥스는 정보보안을 위한 혁명적 기술이자 자체검증 파일의 연속체인 블록체인에 관한 다수의 특허 보유.

### 윌리엄 무가야William Mougayar (머리말 집필)

캐나다 토론토 거주, 투자자/연구자/블로거. 저서《The Business Blockchain》(Wiley, 2016). 암호화기술 분야에서 활발히 활동 중. 전 세계 주요 블록체인기술 연구단체(Ethereum, OpenBazaar, Coin Center, Bloq)의 상임고문 역임. 〈Startup Management〉에 블록체인의 현재와 미래 관련 칼럼 정기 기고.

### 피에르 누아자Pierre Noizat

블로그(e-ducat) 운영[1], 비트코인프랑스협회Bitcoin-France.org 협회장, 페이미엄(Paymium.com.) 설립. 저서《Bitcoin, mode d'emploi》, 2015년 1월 아마존, Lulu.com 정식 발간, 종이책 및 전자책 이용 가능.

### 아르노 페슈Arnaud Péchoux

프랑스 컨설팅기업 웨이브스톤Wavestone의 금융서비스Practice Financial Service 부문 총책임자. 다수의 은행·보험·유통 혁신 프로젝트 총괄책임. 웨이브스톤 내 블록체인 연구소 운영관리자로서 고객에게 블록체인 프로토콜의 가능성·이용방안을 제시함. https://www.wavestone.com/fr/

### 로맹 루파엘Romain Rouphael

스타트업 벨렘Belem의 최고경영자 http://www.belem.io/

### 장뤽 슈미트Jean-Luc Schmitt

Bitcoin.fr. 사이트 공동설립자 및 운영자 https://bitcoin.fr

---

1    « Je publie ce blog pour faire connaître les avantages de la diversité monétaire et questionner l'idée qu'un monopole local de l'euro serait souhaitable ou nécessaire. L'argent-dette, imposé comme monnaie unique, favorise la capture réglementaire par une oligarchie et l'accroissement des inégalités… »
"유로의 유럽통화 독점 현상이 바람직한지 또는 필요한지를 설명하고, 오히려 단일통화 정책이 채권-채무 관계를 만들어 소수 지배층의 권력 장악과 불평등 확대를 촉진하므로 통화의 다양성을 강조한다…"

**데이빗 테루지David Teruzzi**

블로그 블록체인카페(blogchaincafe.com)에 블록체인 및 관련 분야 글 기고. 인터넷신문 핀이어(Finyear.com), 블록체인데일리뉴스(BlockchainDailyNews.com)의 전문위원으로 활동. 블록체인 컨설턴트, blockchain-conseil.fr 공동창립자·기술책임자. decred.org 프로젝트 참여 개발자. 응용수학 프로그래머. http://www.blockchain-conseil.fr

**티보 베르비에스트Thibault Verbiest**

법무법인 드 골 플뢰랑스 앤 아소시에De Gaulle Fleurance & Associés 소속 변호사. 지식재산권, 기술, 미디어, 통신 분야에 탁월한 경력 보유. 1993년 브뤼셀, 파리 변호사협회 등록. 국제법 박사(샌디에이고 대학교(University of San Diego)), 경제법·공법公法 박사(브뤼셀 자유대학교(université libre de Bruxelles))

**니콜라 베르뉴Nicolas Vergne**

블록체인 연구에 열정적으로 매진하고 있는 에섹경영대학교ESSEC Business School 학생. 논문 〈블록체인 개관Tour d'horizon de la blockchain〉

아울러 〈핀이어Finyear〉와 〈블록체인 데일리 뉴스Blockchain Daily News〉의 그래픽 디자인을 맡고 있고, 특별히 이 책의 삽화를 그려준 아들 피에르 를루ᴾⁱᵉʳʳᵉ ᴸᵉˡᵒᵘᵖ에게도 고마움을 보낸다.

마지막으로 독자 여러분께 진심 어린 감사를 드립니다. 소중한 시간을 할애하신 만큼 어느 정도 궁금점이 풀리고 깊은 통찰을 얻으셨기를 바랍니다. 나아가 블록체인과 분산형 합의 프로토콜이라는 혁신적인 신기술을 실전에 적용하고 블록체인 프로젝트를 추진하는 데 큰 도움이 되셨으면 합니다.

감사합니다.

비파괴적 신뢰혁명 기술 블록체인

## 참고자료

### 전문용어

본문 속 각종 용어의 뜻 : http://www.blockchaindailynews.com/ glossary /

### 보고서 - 연구논문

http://www.blockchaindailynews.com/Blockchain-ressourcesrapports-etudes-Resources-reports-studies-2000-2016_a24877.html

### 프랑스 미디어

비트코인.fr(Bitcoin.fr) : https://bitcoin.fr

비트콩세이.fr(Bitconseil.fr) : http://www.bitconseil.fr

블록체인 데일리 뉴스 (Blockchain Daily News) : http://www.Blockchai nDailyNews.com

블록체인 프랑스(Blockchain France) : https://blockchainfrance.net/

블록체인 카페(Blogchain Café) : http://blogchaincafe.com/

에-뒤카(E-Ducat) : http://e-ducat.fr/

핀이어(Finyear) : http://www.finyear.com

라 부아 뒤 비트코인(La Voie du Bitcoin) : http://blog.lavoiedubitcoin. info/

르 쿠앙 쿠앙(Le Coin Coin) : https://le-coin-coin.fr/

## 온라인 포럼

- http://www.bitcointalk.org : 사토시 나카모토(Satoshi Nakamoto)가 만
든 최초의 비트코인 관련 포럼의 프랑스어 서비스
- cryptofr.com : 탈중앙형 화폐에 관한 공개토론 서비스, 프랑스어 포럼
- Quora-암호화폐 : https://www.quora.com/topic/Cryptocurrencies

## 협회

비트코인 프랑스(Bitcoin France) : https://bitcoin-france.org/
블록체인 밸리(Blockchain Valley)(인큐베이터 아카데미): http://www.
blockchain-valley.fr
프랑스 블록테크(France Blocktech) : http://www.france-blocktech.org
라 체인테크(La Chaintech) : https://www.chaintech.fr/
라 세르클 뒤 쿠앙(Le Cercle du Coin) : http://lecercleducoin.fr/

**참고문헌** (저자, 도서, 출판사)

### 2008년

Nassim Nicholas Taleb, Le Cygne noir, la puissance de l'imprévisible,
Les Belles Lettres

### 2012년

비파괴적 신뢰혁명 기술 블록체인

- Pierre Noizat, Bitcoin, monnaie libre, e-book

- Pierre Noizat, Bitcoin Book, e-book

- Daniel Kahneman, Système 1/Système 2, les deux vitesses de la

pensée,

Flammarion

2013년

- Philippe Herlin, La Révolution du bitcoin et des monnaies

complémentaires, Eyrolles

- Serge Roukine, Comprendre et utiliser le Bitcoin, 19éditions

- Nassim Nicholas Taleb, Antifragile, les bienfaits du désordre, Les

Belles Lettres

2015년

- Andreas Antonopoulos, Mastering Bitcoin, O'Reilly (프랑스어 번역 PDF :

http://e-ducat.fr/download/mastering_bitcoin.pdf)

- Pierre Noizat, Bitcoin, mode d'emploi – L'invention d'une liberté,

e-book

- Jeffrey Tucker, Bit by Bit – How P2P Is Freeing the World, Liberty.me

- Arvind Narayanan, Joseph Bonneau, Edward Felten, Andrew Miller

and Steven Goldfeder, Bitcoin and Cryptocurrency Technologies,

Princeton University Press

- Melanie Swan, Blockchain, O'Reilly

**2016년**

- Blockchain France, La Blockchain décryptée – Les clefs d'une révolution, Netexplo
- Andreas Antonopoulos, The Internet of Money, e-book
- Alex and Don Tapscott, Blockchain Revolution : How the Technology  Behind Bitcoin Is Changing Money, Business, and the World (2016), Porfolio
- Paul Vigna and Michael J. Casey, The Age of Cryptocurrency : How Bitcoin and the Blockchain Are Challenging the Global Economic, Picador
- Roger Wattenhofer, The Science of the Blockchain, e-book
- Didier Geiben, Olivier Jean-Marie, Thibault Verbiest and JeanFrançois Vilotte, Bitcoin et Blockchain : Vers un nouveau paradigme de la confiance numérique ?, La Revue Banque –
William Mougayar, The Business  Blockchain : Promise, Practice, and Application of the Next Internet Technology, Wiley
- Henning Diedrich, Ethereum : Blockchains, Digital Assets, Smart Contracts, Decentralized Autonomous Organizations, Wildfire Publishing

---

1   가상화폐 거래 플랫폼 월별 업데이트 현황 : https://bitcoin.fr/acheterbitcoin/

- Arvind Narayanan and Joseph Bonneau, Bitcoin and Cryptocurrency Technologies : A Comprehensive Introduction, Princetown UniversityPress
- Nathaniel Popper, Digital Gold : The Untold Story of Bitcoin, Harper
- Eric Alton, Blockchain : The Beginner's Guide to the EconomyRevolutionizing Technology, e-book
- Terry Parker, Smart Contracts : The Ultimate Guide To Blockchain Smart Contracts – Learn How To Use Smart Contracts For Cryptocurrency Exchange, e-book
- Ghassan Karame and Elli Androulaki, Bitcoin and Blockchain Security, Artech House Publishers
- Timothy Short, Blockchain : The Comprehensive Guide to Mastering the Hidden Economy, e-book

**블록체인 관련 서비스**

**가상화폐 거래 플랫폼 – 비트코인 및/또는 기타 가상화폐 구매처**

상위 20곳 (이용자 수 기준)[1] : anxbtc.com / anycoindirect.eu / belgacoin. com /

bitboat.net (FR) / bitcoin.de / bitcurex.com / bitit.gift (FR) / bitstamp.

net / bity.com (CH) / btc-e.com / coinbase.com / coinhouse.io (FR) /
flipco.in (FR) / kraken.com / lamaisondubitcoin.fr (FR) / localbitcoins.
com / mineoncloud.com (FR) / paymium.com (FR) / safello.com /
virwox.com

특수한 플랫폼: Uphold.com (구(舊) BitReserve), 비트코인 가치의 급변을 방
지하는 플랫폼


### 블록체인 데이터 탐색·제공 웹사이트

bitcoinchain.com / bitcoinfees.21.co : calcul des frais de transaction
/ biteasy.com / bitnodes.21.co : données / blockchain.info (FR) / btc.
blockr.io / chainflyer.bitflyer.jp / coinplorer.com / coinprism.info /
goochain.net / kaiko.com (FR) / oxt.me (FR) / thehalvening.com (FR) /


### 채굴 하드웨어 (비트코인 / 알트코인(Altcoins, 비트코인 이외의 가상화폐-역주))

- mineoncloud.com : 채굴 하드웨어 Asic SHA-256 · Asic Scrypt, 채
굴 계약

- la-boutique-du-mineur.com : 채굴 프로그램(비트코인, 알트코인)

- rigs.ch : 채굴 하드웨어 (알루미늄 새시, 송풍 팬, 기타 부속품)

- antminerdistribution.com : 채굴 업체 앤트마이너(Antminer) 유럽 지부

### 보안

- badbitcoin.org : 비트코인 및 기타 탈중앙형 화폐의 안심거래 블랙리

스트 제공

- bittrust.org : 비트코인 거래·서비스 품질 평가

- blockchainalliance.org : 블록체인 사이버범죄 예방 협회

- blockchaininspector.com : 블록체인 감시, 신원 확인, 범죄활동 추적

- sabr.io : 블록체인 감시, 신원 확인, 범죄활동 추적

- scorechain.com : 비트코인 어드레스 분석, 검사


**블록체인·비트코인·이더리움 외 기타 기상화폐 기업**

- 현재 서비스 중인 300개 이상 업체/웹사이트의 목록은 인터넷신문 〈블록체인 데일리 뉴스(Blockchain Daily News)〉의 '최상위 블록체인 기업·스타트업(Top des compagnies & startups blockchain)' 정기 업데이트를 참조할 것 : http://www.blockchaindailynews.com/Top-250-blockchaincompanies-startups_a24712.html

# 찾아보기

•A•

액센추어 Accenture 108
비트코인 구매 achat de bitcoin 51
아생크 ACINQ 85
비트코인 어드레스 adresse bitcoin 27
알트코인 altcoins 74
머클 트리 arbre de Merkle 43
현금 argent liquide 221
아트트랙티브 ArtTracktive 151
어스크라이브 Ascribe 88
51% 공격 attaque à 51 % 66
인증 authentification 151
중앙기관 autorité centrale 47
대안 암호화폐 alternative cryptoc urrencies 74
익명성 anonymat 67
머클 트리 arbre de Merkle 43


•B•

백 애덤 Back Adam 81
비어체인 beAchain 122, 134
벨렝 Belem 172, 174
빅체인DB BigchainDB 87
비트코인 bitcoin 41, 47, 56
비트코인코어 BitcoinCore 57
비트골드 bitgold 41
비트셰어 BitShares 77
블랙코인 Blackcoin 77
블록체인 데이터베이스 blockchain data bases 86
컨소시엄형 블록체인 blockchain de consortium 112
블록체인 델라웨어 이니셔티브 Blockchain Del aware Initiative 152
데이터용 블록체인 blockchain des données 176
하이브리드 블록체인 blockchain hybride 112
프라이빗 블록체인 blockchain privée 113, 114
퍼블릭 블록체인 blockchain publique 111
블록니스 Blockness 151

블록테크 blocktech 182
b-머니 b-money 41
뷰테린 비탈리크 Buterin Vitalik 89


•C•

토지대장 cadastre 163
블록체인 활용 사례 cas d'usage blockchain 143
중앙집중화 centralisation 144
블록체인 chaîne de blocs 19
이중 암호 키 chiffrement à double clé 52
개인 키 clé privée 27
공개 키 clé publique 27
코디어스 Codius 99
컬러드 코인 Colored Coins 78
신뢰 confiance 224
컨스코인 Conscoin 77
크라우드펀딩 컨설팅업체 conseiller en investisse ments participatifs 168
합의 consensus 62, 116
분산 합의 consensus distribué 146
전력 소비 consommation énergétique 58
저작권 보호 contrefaçon 161
코다 Corda 133
카운터파티 Counterparty 79
암호화폐 crypto-devise 30
비대칭형 암호화 cryptographie asymétri que 42
암호화폐 crypto-monnaie 30, 57, 74, 126


•D•

탈중앙자율조직 DAO 96, 102
디앱 Dapp 123
대시 Dash 74
탈중앙화 décentralisation 144, 169
위임 지분 증명 délégation de preuve de posse ssion 120
딜로이트 룩셈부르크 Deloitte Luxembourg 151
디지캐시 DigiCash 43

비파괴적 신뢰혁명 기술 블록체인

혁신 disruption 32, 185
분산원장 distributed ledger 146
공문서 documents administratifs 164
의료데이터 données médicales 162
이중지불 double dépense 45, 48

• E •
교육 éducation 178
e-크로나 e-Krona 75
에너지 énergie 157
임상실험 essais cliniques 149
이더 ether 90
이더리움 Ethereum 89, 93
윤리 éthique 77

• F •
금융거래이력 fichier bancaire FIBEN 168
크라우드펀딩 financement participatif 168
핀테크 Fintech 182
플레어 Flare 85
법적 구속력 force juridique 197

• G •
개스 gaz 95
그누텔라 Gnutella 44
골드만 삭스 Goldman Sachs 34
거버넌스 gouvernance 169
거버넌스 2.0 gouvernance 100
대규모 분산원장 grand livre distribué 109, 146

• H •
해커 hacker 106
해시캐시 HashCash 43
필리프 에를랭 Herlin Philippe 31
하이퍼레저 Hyperledger 33, 37, 128

• I •
무결성 immutabilité 149
불변성 inaltérabilité 169
인터레저 Interledger 131

사물인터넷 Internet des objets 180
IOTA 127

• K •
킥스 KeeeX 177
고객파악제도 Know-Your-Customer
(KYC) 69
쿠오볼라 이노베이션 Kuovola Innovation 175

• L •
튜링 완전 언어 langage Turing-complet 82, 91
라이트닝 네트워크 Lightning Network 74
리스크 Lisk 123
프리 소프트웨어 logiciel libre 198

• M •
마스터노드 masternodes 69
마자코인 Mazacoin 77
마이크로그리드 micro-grid 158
채굴 minage 56, 94
채굴자 mineur 56
모낙스 Monax 132
모네로 Monero 70

• N •
사토시 나카모토 Nakamoto Satoshi 45
노드 nœud 63

• O •
원코인 OneCoin 76
오라클 Oracle 98
일시적 가상 조직 organisations virtuelles temp
oraires (QVO) 136

• P •
전자결제 paiements électroniques 167
팩서스 Paxos 64
법인격 personnalité juridique 103
지갑 porte-monnaie 54
팟코인 Potcoin 76

디지털 날짜 증거 preuve datée digitale 97
비잔틴 장군들의 문제 problème des généraux byzantins 59
개념증명 proof of concept 170
지분증명 proof of stake 69, 94, 119
작업증명 proof of work 57, 58, 120
지식재산권 propriété intellectuelle 155, 173
암호화 프로토콜 protocole cryptograph que 48
공개 프로토콜 protocole libre 20
SMTP 프로토콜 protocole SMTP 90
가상의 암호 pseudonyme cryptogra phique 67
연산능력 puissance de calcul 57

• R •
R3CEV R3CEV 33
거래 장부 registre 20, 25
거래 장부 2.0 registre 22
분산원장 registre distribué 188
개방형 분산원장 registre distribué ouvert 110
eIDAS 법령 règlement eIDAS 166
P2P 네트워크 réseau pair à pair 25, 47, 50
산업혁명 révolution industrielle 209
정보혁명 révolution informatique 212
릭스뱅크 Riksbank 75
리플 Ripple 126
로고프 케네스 Rogoff Kenneth S. 221
루트스탁 Rootstock 82

• S •
산탄데르 방코 Santander Banco 32
확장성 scalabilité 130
사이드체인 sidechains 73
사이드 데이터베이스 side databases 86
스마트 콘트랙트 smart contract 43, 96
스마트 그리드 smart grids 158
솔리디티 Solidity 97
스텔라 합의 프로토콜 Stellar Consensus Prot ocol 125
공급사슬 supply chain 175
분산 시스템 système distribué 42

닉 사보 Szabo Nick 41, 43

• T •
돈 탭스콧 Tapscott Don 218
마이너스 금리 taux d'intérêt négatifs 222
텐더민트 Tendermint 64
The DAO The DAO 102
제3신뢰기관 tiers de confiance 21
토큰 token 110
장애 허용 tolérance aux pannes 63
추적가능성 traçabilité 69
식품유통이력추적 traçabilité alimentaire 160
비트코인 거래 transaction bitcoin 45
투명성 transparence 149

• U •
우버 Uber 225
비트코인 단위 unités du bitcoin 55

• V •
비트코인 가치 valeur du bitcoin 54
비아코인 Viacoin 77
보츠 Voatz 172
분산형 전자투표 vote numérique distribué 171

• W •
전자지갑(월릿) wallet 53
웹 2.0 Web 2.0 212

• Z •
제트캐시 Zcash 70

비파괴적 신뢰혁명 기술 블록체인

비파괴적 신뢰혁명 기술

# 블록체인

초판1쇄 인쇄 | 2018년 9월 10일
초판1쇄 발행 | 2018년 9월 17일

펴낸곳 | 북플러스
펴낸이 | 정영국

지은이 | 로랑 를루(LAURENT LELOUP)
옮긴이 | 김세은

편집·디자인 | 윤영선
교정·교열 | 편집부
제작·마케팅 | 박용일
인쇄 | OK P&C

주소 | 서울시 구로구 디지털로 288, 대륭포스트타워1차 508호
전화 | 02-2106-3800~1
팩스 | 02-584-9306
등록번호 제25100-2015-000019호
ISBN 978-89-19-20585-3
ⓒ북플러스 2018 printed in korea

※잘못된 책은 바꿔드립니다